# Sohn@Sohn
## Schriftenreihe

### Innovation
Die Lügen des Neuen und
die Macht des Alten

**Band 6**

# Inhalt

Editorial .................................................................... 4

Kapitel 1 .................................................................... 7
Über Schumpeter, das Scheitern staatlicher Projekte und die Notwendigkeit von offenen Innovationen

Kapitel 2 .................................................................... 10
Die positive Macht der kreativen Zerstörung

Kapitel 3 .................................................................... 13
Heilige Römische Reich Deutscher Nation als Innovationsmotor

Kapitel 4 .................................................................... 18
Der unternehmerische Staat gedeiht nur mit Liberalität und Freiheit

Kapitel 5 .................................................................... 21
Schmeißt Eure Pläne und Strategien in der Innovationspolitik über Bord: Lest mehr Luhmann

Kapitel 6 .................................................................... 27
Deep-Tech statt Tiktok-Selfie-Videos

Kapitel 7 .................................................................... 30
ChatGPT als Möglichmacher für Innovationen

Kapitel 8 .................................................................... 34
Mehr Flow, richtiges New Work und Empowerment für Innovationen wagen

Kapitel 9 .................................................................... 38
Mit Stein und Hardenberg gelingt auch die Direktzahlung des Klimageldes

Kapitel 10 .................................................................. 42
Wie der Verpisser-Jargon die Innovationskraft Deutschlands verschlechtert

Kapitel 11 .................................................................. 48
Doppeltes Meinungsklima: Mittelstand im innovativen Aufschwungmodus - Der Medientenor leider nicht

Kapitel 12 .................................................................. 52
Bürokratie-Hacker und kompetente Verwaltungsbeamte als Voraussetzung für Innovationen

Kapitel 13 .................................................................. 61
Das deutsche Management hat die falschen Denktraditionen: Mehr Hannah Arendt wagen

Kapitel 14 .................................................................. 68
Wir sollten das industrielle Metaverse erobern: Die werbefinanzierte Avatar-Spielecke bekommt Zuckerberg

**Kapitel 15** .................................................. 72
Europas ökonomische Sicherheit: Mehr als nur eine Frage der Verteidigung

**Kapitel 16** .................................................. 76
Deutschlands Weg in die Zukunft aus Sicht der Expertenkommission Forschung und Innovation (EFI)

**Kapitel 17** .................................................. 80
Superheldenkraft für Innovationen

**Kapitel 18** .................................................. 84
Experiment und Spektakel: Die theatralische Projektemacherei in der barocken Wissenschaft - Blaupause für moderne Innovationspolitik

**Kapitel 19** .................................................. 88
Ministerium für Entbürokratisierung als staatlicher Innovationsmotor

# Editorial: #MythenDerInnovation

Innovation ist ein Begriff, der oft verwendet, aber selten vollständig verstanden wird. In einer Zeit, in der technologische Fortschritte unser tägliches Leben rasant verändern, ist es umso wichtiger, die wahren Triebkräfte hinter innovativen Prozessen zu verstehen. Mein Name ist Gunnar Sohn, und als Wirtschaftsblogger und Schumpeter-Forscher habe ich mich intensiv mit den Mechanismen und Mythen der Innovation auseinandergesetzt. Geboren im Jahr 1961, gehöre ich zur Generation der "Boomer" und habe die Anfänge der digitalen Revolution hautnah miterlebt, angefangen mit dem C64, einem der ersten Heimcomputer.

**Meine Reise**

Als Volkswirt und Livestreamer habe ich mich stets für die Schnittstelle zwischen Wirtschaft und Technologie interessiert. In meiner Karriere habe ich viele Facetten der Innovation erlebt und darüber geschrieben, zuletzt als Kolumnist für Haufe New Management unter dem Hashtag #MythenDerInnovation. Meine Beiträge konzentrieren sich oft auf die Frage, wie Unternehmen und staatliche Akteure Innovationen fördern oder behindern können.

**Der Schumpeter'sche Ansatz**

Joseph Schumpeter, einer der großen Wirtschaftsdenker, erläuterte vor Jahrzehnten, dass echte Innovationen von Unternehmern und nicht durch staatliche Planung oder Regulierung vorangetrieben werden.

Der Staat sollte vielmehr günstige Rahmenbedingungen schaffen, in denen Unternehmen ihre Ideen frei entfalten können.

Dies widerspricht der oft propagierten Vorstellung, dass staatliche Ausgabenprogramme entscheidende Innovationsimpulse geben können.

**Erfolgreiche Innovationen – Beispiele und Lektionen**

Ein Blick auf die Geschichte zeigt, dass staatliche Initiativen oft hinter den Erwartungen zurückbleiben. Die Versteigerung der UMTS-Lizenzen in Deutschland war ein Fiasko, während das iPhone von Steve Jobs das mobile Internet revolutionierte. Ähnlich erfolglos war das französische Projekt Quaero, das Google herausfordern sollte.

Doch es gibt auch positive Beispiele: Heinrich von Stephan, Generalpostmeister im 19. Jahrhundert, schuf mit der Einführung der Postkarte und der modernen Telegraphie Grundlagen für die Telekommunikation. Solche Persönlichkeiten, die mit Vision und Durchsetzungskraft Innovationen vorantreiben, sind selten, aber notwendig.

**Die Zukunft der Innovation**

Für eine erfolgreiche Innovationskultur ist es entscheidend, Offenheit und Zusammenarbeit zu fördern. Rafael Laguna de la Vera, Direktor der Bundesagentur für Sprunginnovationen, setzt auf die Prinzipien der offenen Innovation, ähnlich wie bei Open-Source-Software-Projekten. Dies bedeutet, Informationen frei zugänglich zu machen und Patentstreitigkeiten zu vermeiden, um den Fortschritt zu beschleunigen.

Innovation ist kein Selbstzweck, sondern das Ergebnis eines komplexen Zusammenspiels von Ideen, Menschen und Rahmenbedingungen. In diesem Buch werden die Mythen der Innovation entzaubert und gezeigt, wie wir durch

Zusammenarbeit und Offenheit eine nachhaltige Innovationskultur schaffen können.

Gunnar Sohn
Wirtschaftsblogger in Bonn, Livestreamer, Diplom-Volkswirt, Fußballmeister und Rekordtorschütze (Linksaußen und alles nur Angeberei) mit dem VfB Neukölln, C64-Enthusiast, Lochkarten-Programmierer auf den Spuren des Mathe-Lehrers, Schumpeter-Forscher, Moderator, Buchautor, Himbeer-Marmeladen-Fan, Sammler antiquarischer Bücher und neuerdings Musikproduzent.

# Kapitel 1

## Über Schumpeter, das Scheitern staatlicher Projekte und die Notwendigkeit von offenen Innovationen

Wie kann der Staat zu Innovationen beitragen und was hat Schumpeter damit zu tun? Für die mit Künstlicher Intelligenz vollgepumpte Plaudermaschine ChatGPT ist die Sache klar: „Schumpeters Innovationstheorie geht davon aus, dass Innovationen immer von Unternehmern getrieben werden und nicht durch staatliche Planung oder Regulierung erfolgen. Der Staat spielt demnach keine aktive Rolle bei der Förderung von Innovationen. Stattdessen sieht Schumpeter die Hauptaufgabe des Staates darin, einen Rahmen zu schaffen, in dem Unternehmen ungehindert neue Ideen entwickeln und umsetzen können. Dazu gehört beispielsweise die Schaffung von günstigen Rechts- und Marktbedingungen, die es Unternehmern ermöglichen, ihre Ideen in die Tat umzusetzen. Insgesamt betrachtet Schumpeter den Staat also eher als passiven Teilnehmer im Innovationsprozess."

Das ist ein herber Schlag für alle Protagonisten, die so viel Hoffnungen auf staatliche Ausgabenprogramme setzen. Aber mit fällt in der Tat auch nicht viel ein, was nun von der öffentlichen Hand in den vergangenen Jahrzehnten an Impulsen für Innovationen ausgegangen ist. Die Versteigerung der UMTS-Lizenzen? Ein Trauerspiel für das mobile Internet. Da musste erst Steve Jobs mit dem iPhone um die Ecke kommen, um den TK-Konzernen und den staatlichen Akteuren zu zeigen, wie man es richtig macht. Bei den Subventionen flossen in Deutschland in der Regel Milliardenbeträge in todgeweihte Branchen wie dem Steinkohlebergbau. Die Förderung von Siemens und AEG zur Brechung der Vormachtstellung von IBM bei Großrechnern war ein klägliches Unterfangen. Die Dominanz der USA im Digitalen konnte mit dem Griff in die Staatskasse nicht gebrochen werden.

Der frühere französische Staatspräsident Jacques Chirac startete 2006 das Projekt Quaero mit großem Getöse, um die erste „wahre multimediale Suchmaschine" in Europa auf die Beine zu stellen als Antwort auf Google. Das war natürlich nur Mumpitz und für mich eine schöne Gelegenheit auf ichsagmal.com regelmäßig den #ChiracDesTages auszurufen für gescheiterte staatliche Initiativen beim Erklimmen digitaler Gipfel.

Man braucht halt charismatische, ein wenig verrückte und zugleich hochkompetente Persönlichkeiten, die Neues durchsetzen, intelligenter organisieren und sich vom Routinebetrieb abgrenzen. Der einzige Beamte, der das geschafft hat, ist der Generalpostmeister Heinrich von Stephan, der Ende des 19. Jahrhunderts unter Reichskanzler Otto von Bismarck aus Berlin ein Silicon Valley der Telekommunikation machte. Er erfand die Postkarte, gründete die Reichsdruckerei, das Postmuseum (heute: Museum für Kommunikation) sowie den Allgemeinen Postverein (1878 Weltpostverein) und forcierte erst in Deutschland, dann in der ganzen Welt den Aufbau der modernen Telegraphie.

Stephan erkannte als einer der Ersten die politische und wirtschaftliche Relevanz des Telefons als Medium der Echtzeit-Kommunikation. Das erste Telefonverzeichnis ist in der Öffentlichkeit noch als „Buch der Narren" Anfang der 1880er Jahre verspottet worden. Sieben Jahre später gab es in Berlin mehr Telefonanschlüsse als in jeder Stadt in den USA. In diesem Sog entfalteten sich Unternehmen wie die Telegraphenbauanstalt R. Stock (später DeTeWe), AEG und viele andere. Der Einzige, der das Zeug dazu hat, in die Fußstapfen des Generalpostmeisters zu treten, ist Rafael Laguna de la Vera, der Gründungsdirektor der Bundesagentur für Sprunginnovationen.

Ob es um langfristige Energiespeicherung, neue Computing-Konzepte, Immuntherapien oder Kernfusion geht, setzt der Agenturchef auf den Geist der offenen Innovationen. Er verbindet das Ganze mit den Prinzipien der Zusammenarbeit von Open-Source-Software-Projekten mit der Bereitschaft, Informationen in viel höherem Maße zugänglich zu machen, als dies heute üblich ist. Das hat Rafael Laguna de la Vera bei der #BonnSchumpeterLecture der Next Economy Open verraten.

Also keine Patent-Abwehrschlachten zur Verhinderung von Innovationen, sondern ein Aufbrechen von Datensilos, die nur das Erwirtschaften von Monopolrenditen ermöglichen auf Kosten des Fortschritts. So zeigt man Vulgärkapitalisten wie Peter Thiel und Konsorten, dass Daten den Charakter eines öffentlichen Gutes haben und zugleich gut für den Ideenwettbewerb sind.

# Kapitel 2

## Die positive Macht der kreativen Zerstörung

Welche Beziehung besteht zwischen der kreativen Zerstörung, gemessen an der Schaffung und Vernichtung von Arbeitsplätzen oder Unternehmen? Das ist nur ein kleiner Ausschnitt von Forschungsfragen, die von Wirtschaftswissenschaftlern Philippe Aghion, Céline Antonin und Simon Bundel auf den Spuren der Theorien von Joseph Schumpeter untersucht werden. So gibt es eine positive Korrelation zwischen den beiden Messgrößen:

„Die amerikanischen Bezirke mit den höchsten Raten bei der Schaffung und Vernichtung von Arbeitsplätzen waren im Durchschnitt auch die Bezirke, die zwischen 1985 und 2010 die meisten neuen Patente hervorgebracht haben. Diese Daten umfassen mehr als 1.100 Bezirke, und die Korrelation beträgt 0,456. Diese Korrelation ist größtenteils darauf zurückzuführen, dass die innovativsten Unternehmen die kleinen, jungen Unternehmen sind, die auch die meisten Arbeitsplätze schaffen und vernichten. Je größer das Unternehmen wird, desto geringer ist die Wahrscheinlichkeit, dass es innovativ ist. Darüber hinaus sind die Innovationen kleinerer Unternehmen radikaler und bedeutender als die größerer Unternehmen. Das Paradigma der schöpferischen Zerstörung löst eine Reihe von Rätseln im Zusammenhang mit dem Wachstum", schreiben die drei Autoren in ihrem Opus „THE POWER OF CREATIVE DESTRUCTION".

Warum kommt es zu Wachstumsunterbrechungen? Zwischen dem Ende des Zweiten Weltkriegs und 1985 erlebte Japan bekanntlich ein spektakuläres Wachstum des Pro-Kopf-BIP und des technologischen Niveaus, bevor es in eine lange Phase der Stagnation eintrat. Die neoklassische Theorie kann solche Brüche in der wirtschaftlichen Entwicklung nicht erklären. Da nimmt die Wachstumsrate mit der Kapitalakkumulation allmählich ab, jedoch ohne Trendbrüche.

„Die Erklärung, die die Schumpetersche Wachstumstheorie bietet, ist, dass Länder über Institutionen verfügten oder politische Maßnahmen ergriffen, die das Wachstum durch Kapitalakkumulation und wirtschaftlichen Aufholprozess begünstigten – insbesondere eine Politik der Importsubstitution. **Aber sie haben es versäumt, ihre Institutionen anzupassen, um den Übergang zu einer Innovationswirtschaft zu schaffen**", erläutern Aghion, Antonin und Bunel.

In seiner Präsidentenrede vor der American Economic Association 1938 erklärte der Wirtschaftswissenschaftler Alvin Hansen, dass die Vereinigten Staaten seiner Meinung nach zu einem langfristig schwachen Wachstum verdammt sind, ein Zustand, den er als „säkulare Stagnation" bezeichnete. Das Land hatte gerade die Große Depression überwunden. In jüngerer Zeit veranlasste die Finanzkrise von 2008 Larry Summers und andere Wirtschaftswissenschaftler, den Begriff der säkularen Stagnation wieder aufzugreifen, um eine Situation zu beschreiben, die ihrer Meinung nach der von Hansen 1938 beschriebenen ähnelt. Warum ist das amerikanische Wachstum seit 2005 trotz der Revolutionen in der Informationstechnologie und der künstlichen Intelligenz zurückgegangen?

Das neoklassische Modell kann das Rätsel der säkularen Stagnation nicht erklären, da es einen kontinuierlichen Rückgang des Wachstums aufgrund abnehmender Erträge aus der Kapitalakkumulation vorhersagt. Kann das Paradigma der schöpferischen Zerstörung es besser machen? Es legt aus mindestens zwei Gründen eine optimistischere Zukunftsvision nahe als die von Larry Summers oder Robert Gordon. Erstens hat die IT-Revolution die Technologie zur Produktion neuer Ideen grundlegend und dauerhaft verbessert. Zweitens hat der mit der IT-Welle einhergehende Globalisierungsprozess die potenziellen Gewinne aus der Innovation via Skaleneffekte und gleichzeitig die potenziellen Kosten der Nichtinnovation erheblich gesteigert.

Dementsprechend hat sich die Innovation in den vergangenen Jahrzehnten sowohl in quantitativer als auch in qualitativer Hinsicht beschleunigt. Wir sollten optimistischer herangehen, wenn wir die Herausforderungen der kommenden Jahrzehnte angehen: Geoökonomik, robuste Lieferketten, Künstliche Intelligenz im Maschinenbau, intelligente Kreislaufwirtschaft, Rohstoffgewinnung, Management von multiplen Krisen, Aufbau von Frühwarnsystemen im globalen Handel, Klimaschutz und dergleichen mehr. Tolle Zeiten für kreative Zerstörung.

# Kapitel 3

## Heilige Römische Reich Deutscher Nation als Innovationsmotor

Der Berliner Journalist Manfred Ronzheimer recherchiert sehr akribisch alles, was mit Innovationen, Zukunftsstrategien und wissenschaftliche Themen zu tun hat. Einige Ergebnisse seines Schaffens breitet er auf seinem Facebook-Account https://www.facebook.com/manfred.ronzheimer aus. Beispielsweise die Überlegungen von EU-Innovationskommissarin Mariya Gabriel nach ihrem Besuch im Silicon Valley.

Als EU-Innovationskommissarin Mariya Gabriel im Oktober 2022 das Silicon Valley besuchte, ließ sie sich von der Aufbruchstimmung an der US-Westküste durchaus in Bann nehmen, hatte aber zugleich die Botschaft aus der „Alten Welt" im Gepäck, dass Europa willens sei, mit seinen komparativen Stärken in den kommenden Jahren die „vierte Welle der Innovation" anzuführen. Diese vierte Welle werde unter dem Schlagwort „DeepTech" die Merkmale der dritten Innovationswelle, der digitalen Revolution, mit physikalischen und biologischen Technologien kombinieren. Siehe auch ihre Veröffentlichung auf LinkedIn:

My takeaways from my Mission to Silicon Valley: EU will lead the 4th wave of innovation.
*https://www.linkedin.com/pulse/my-takeaways-from-mission-silicon-valley-eu-lead-4th-wave-gabriel/*

Hier geht's zum Artikel

In Europa wirbt Gabriel stärker denn je für das Ziel ihrer Innovationsagenda, 100 regionale Innovation Valleys zu schaffen. Wie dies funktionieren soll, dafür benutzte sie im November in einer Rede ein populäres Beispiel: „Ein Valley of Innovation ist vergleichbar mit einer Fußballmannschaft". So wie auf dem Sportplatz, handele es sich „um eine Gruppe von Personen, die zusammenarbeiten, um ein gemeinsames Ziel zu erreichen", in diesem Fall um die Innovationsakteure der Region. Sie wollen ein „florierendes Innovationsökosystem" aufbauen, das etwa Studenten und Unternehmer unterstützt, die innovative Start-ups in der Region gründen und ausbauen möchten. Als Akteure nannte Gabriel „Universitäten, große und kleine Unternehmen, Start-ups, Investoren und politische Entscheidungsträger".

Zum konkreten Aufbau kündigte die EU-Kommissarin an, dass neben der Innovationssäule in „Horizon", ausgestattet mit 10 Milliarden Euro, auch andere Fördertöpfe wie der Kohäsionsfonds künftig für regionale Innovation genutzt werden sollen. In einem zweiten Schritt, so Gabriel, „werden wir bis zu hundert Regionen identifizieren, die sich verpflichtet haben, die regionale Koordination ihrer Innovation Valleys zu verbessern, um interregionale Innovationsprojekte durchzuführen". Dafür werden aus „Horizon Europa" 170 Millionen Euro zur Finanzierung von interregionalen Innovationsaktivitäten bereitgestellt. Diese Mittel können etwa „für den Einsatz und die Demonstration von Deep-Technologien in realen Umgebungen, für Schulungen und die Entwicklung von Fähigkeiten oder für die Erstellung und Nutzung neuer Reallabore und Testbeds verwendet werden", kündigte Gabriel für 2023 an.

„Genau besehen fangen die europäischen Innovation Valleys nicht bei Null an, sondern adaptieren frühere Ansätze, die unter anderen Bezeichnungen die Trend-Zyklen der Technologie- und Innovationspolitik durchlaufen haben. Dazu zählt das Konzept der Regionalen Innovationssysteme (RIS), das Technologieförderung mit regionaler Strukturentwicklung kombiniert, die unterschedlichen Cluster-Ansätze, die wissenschaftliche Kompetenzen in einer Region als Innovations-Stimulus für die vorhandenen wie auch neue Unternehmen einsetzten, bis hin zu den aktuellen Ansätzen von Innovations-Ökosystemen, die auch die sozialen Innovationen und das Kreativitätspotenzial der Zivilgesellschaft einbinden wollen. Dieser Idee folgt auch die in Gründung befindliche ‚Deutsche Agentur für Transfer und Innnovation' (DATI), die an bestimmten Hochschul-Standorte ein innovationsorientiertes Umfeld in Wirtschaft und Gesellschaft befördern möchte", so Ronzheimer.

Bislang ja eher ein Trauerspiel im Bundesministerium für Bildung und Forschung. Vielleicht sollte man den Pfaden folgen, die wir in den vergangenen Jahrhunderten erfolgreich entfaltet haben. Also die Vorteile der Kleinstaaterei im Heiligen Römischen Reich Deutscher Nation nutzen:

„In vielen deutschen Regionen gibt es jahrhundertealte Kompetenzen, die ihr Licht bis in die Gegenwart werfen. Heute spricht man von industriellen Ökosystemen. So wurden im Schwarzwald seit jeher Uhren gefertigt, was feinmechanische Fähigkeiten erfordert. Schließlich gilt die Uhrmacherei als 'Schlüsseltechnologie des Industriezeitalters'. Aus dieser Tradition sind in der Schwarzwaldregion mehr als 500 medizintechnische Firmen entstanden", sagt der Hidden-Champion-Forscher Hermann Simon.

Oder Firmen wie Bizerba auf der Schwäbischen Alb in der Lebensmitteltechnologie und Multivac als Maschinenbauer im Allgäu. Gleiches gilt für Göttingen. „Wieso findet man dort 39 Hersteller von Messtechnik? Die Erklärung liegt in der mathematischen Fakultät der Universität Göttingen, die über Jahrhunderte weltweit führend war. Eine dieser Firmen gehen auf Prinzipien zurück, die Carl Friedrich Gauss entdeckte. Der frühere Siemens-Vorstand Edward Krubasik bemerkte: 'Deutschland nutzt die Technologiebasis, die bis ins Mittelalter zurückgeht, um im 21. Jahrhundert erfolgreich zu sein'."

In einer Session auf der Next Economy Open brachte Deepa Gautam-Nigge (SAP), Herausgeberin des Buches „EcosystemInnovation" (Haufe-Verlag), thematische Sonderwirtschaftszonen ins Spiel. Etwa bei Technologien, die den Klimaschutz, die Kreislaufwirtschaft und die Energiewende nach vorne bringen. „Hier liegen die Stärken von Europa und Deutschland und das sollte gezielt gefördert werden."

Die gesellschaftliche Notwendigkeit sei evident. Die besten Köpfe, die besten Talente und Innovationen seien in Deutschland und Europa vorhanden. Das würde sich gut ergänzen mit dem Ansatz von Hermann Simon. Denn zwischen den Themen und den Regionen gibt es ja sehr interessante Cluster. Beispielsweise bei Quantencomputing, Kernfusion, mRNS-Forschung, MRT-Apparate oder dem Fraunhofer Technologie Transfer Fonds. Die Kapitalbeschaffung müsse dabei allerdings in Deutschland und Europa größer gedacht werden, fordert Rene Schäfer,

Spezialist für Emissionszertifikate. Das funktioniere im

regionalen Maßstab eher schlecht.
Wir brauchen also keine Reisen ins Silicon Valley, um Impulse für Innovationen zu bekommen. Exkursionen auf die Schwäbische Alb, ins Allgäu oder nach Ostwestfalen-Lippe sind viel spannender. Da sitzen die wahren Hidden Champions für Innovationen.

# Kapitel 4

## Der unternehmerische Staat gedeiht nur mit Liberalität und Freiheit

In Deutschland wäre es so wichtig, wenn nur in Ansätzen der unternehmerische Staat Realität wäre, wie ihn die Autorin und Wissenschaftlerin Mariana Mazzucato skizziert hat. Etwa im Klimaschutz oder in der Verteidigungspolitik. Regierungen sollten einen Wandel herbeiführen - und zwar nicht, indem sie kleinkariert herumpfuschen, um kurzfristige Lösungen zu finden, sondern indem sie ihre Investitionskraft besser nutzen, fordert Mazzucato. Der staatlich-bürokratische Komplex in Berlin ist für so etwas zur Zeit nicht in der Lage:

China und die USA seien in der Umsetzung einmal gefasster Pläne viel konsequenter als wir – da wird zügig gehandelt, sagt der Innovationsforscher Dietmar Herhof im Interview mit dem Berliner Journalisten Manfred Ronzheimer.

„Wir schreiben eine Legislaturperiode lang an Strategien und wundern uns nach drei Jahren, wenn der Wahlkampf wieder beginnt, dass nichts geschafft wurde. Unsere Forschungs- und Innovationspolitik ist blockiert. Strategische Vorausschau gibt es fast nicht oder wird durch ritualisierte Forecasting-Übungen ersetzt. Aber selbst die Ergebnisse und Informationen, die bei den Regierenden ankommen, werden entweder nicht wahrgenommen oder nicht zur Umsetzung gebracht."

Die Innovationspolitik sollte mehr strategischen Weitblick und Experimente wagen. „Vor allem müssen wir Fachkompetenz in die Entscheidungsprozesse zurückbringen. Ich denke, dass das mit dem Agenturansatz möglich ist. Wir sollten auch darüber nachdenken, wie in den USA und Großbritannien ein Council of Scientific Advisors direkt im Kanzleramt einzurichten. Angela Merkel hatte einen direkten Zugang zur Wissenschaft – das ist jetzt nicht mehr gegeben, bei aller Offenheit für die Themen Wissenschaft und Innovation im Kanzleramt. Dort sollte die Stimme von Wissenschaftlerinnen und Wissenschaftlern direkt gehört werden können", so Harhoff. Letzteres ist mir aufgefallen beim Forschungsgipfel 2021 unter Beteiligung der noch amtierenden Kanzlerin Merkel.

Aber wie gut ist China noch? Angeblich werden wir vom Reich der Mitte bei Digitalisierung, E-Mobilität und KI-Forschung überrollt. Da überschätzen Harhoff und der ehemalige FDP-Bundestagsabgeordnete Thomas Sattelberger die Innovationskraft der kommunistischen Staatsbürokraten in Peking. Das hat der Sinologie-Professor Daniel Leese bei einer Tagung der Carl-Friedrich-von-Siemens-Stiftung gut zum Ausdruck gebracht. Es ging um Alexis de Tocqueville und den Meisterdenker der KP-China Wang Huning. Der Modernisierungspfad sei eher die Schwäche des chinesischen Staates, sagt Leese: „Die Innovationskraft der Unternehmerinnen und Unternehmer entfaltete sich in einem eher schwachen regulatorischen Umfeld, die die Politik der 1980er und 1990er Jahre maßgeblich geprägt hat."

Wer Internet-Unternehmer in den Knast steckt, kann wohl kaum innovativ sein. Staatsbürokraten, wie der Diktator Xi Jinping sind wenig geeignet, Sprunginnovationen anzustoßen, zu planen oder am Markt durchzusetzen. Sie spionieren und schikanieren ihr Land eher mit Überwachungsterror und hausmeisterlich brüllenden Drohnen. Wir sollten uns vor dem Wettbewerb der politischen Systeme nicht fürchten. Zentralistisch miserabel gesteuerte Staatsbürokratien sind völlig ungeeignet für den Innovationswettbewerb.

Wir brauchen eine Politik, die Individualität, Partizipation und Ideen-Vielfalt fördert. Auf dem Zukunftstag Mittelstand in Berlin war das beim Thema Künstliche Intelligenz gut zu beobachten. Etwa beim Einsatz von semantischen Webanwendungen für die individualisierte Kundenkommunikation von Unternehmen.
Oliver Gürtler, Leiter des Mittelstandsgeschäfts bei Microsoft Deutschland, hat das gut erläutert:
https://youtube.com/shorts/dN5VsmyK6Kw?feature=share

ChatGPT als digitaler Concierge.
Solche Innovationen gedeihen nur
in einer liberalen demokratischen Ordnung.

Hier geht's zum Video

# Kapitel 5

## Schmeißt Eure Pläne und Strategien in der Innovationspolitik über Bord:
## Lest mehr Luhmann

Bei meiner üblichen subtilen Jagd nach Veröffentlichungen von Joseph Schumpeter in seiner Bonner Zeit als Professor von 1925 bis 1932 finde ich zwei Bücher, die ich gar nicht gesucht habe. Treffender Weise mit dem Titel „Serendipity, Vom Glück des Findens - Niklas Luhmann" und „Poetik und Hermeneutik XVII Kontingenz". Die poetisch-hermeneutische Abhandlung ist das Ergebnis einer berühmten Tagungsreihe, die von dem Philosophen Hans Blumenberg und dem Literaturwissenschaftler Hans Robert Jauß in den 1960er Jahren gegründet wurde.

Die Innovation dieses Formats lag in der Idee der ungehaltenen Rede:

„Die Vorträge der Tagungsteilnehmer wurden nicht vorgelesen, sondern vorher an alle Teilnehmer verschickt. Die Zusammenkünfte selbst waren als Diskussion über gemeinsame Lektüren und als Vorbereitung einer gemeinsamen Publikation angelegt, und das hat sie davor bewahrt, sich in bloßer Geselligkeit zu erschöpfen. Zugleich konnten diese 'Vorträge', entlastet von der Rücksicht auf ein anwesendes Publikum, von einer Länge und Gründlichkeit sein, die man keinem Vortragenden jemals gestatten würde, und das wiederum kam dem Niveau der Diskussionen zugute", erläutert der Soziologe André Kieserling.

Im Vom-Glück-des-Findens-Zettelkasten von Niklas Luhmann und in den Tagungsbänden der Wissenschaftstagungen von Blumenberg und Jauss stecken Anregungen für zufällige Kombinationen. Renate Lachmann zitiert im Kontingenz-Band den Dadaisten Hans Richter, der auch meine Recherchearbeit sehr gut beschreibt: „Der Zufall wurde unser Markenzeichen. Uns erschien der Zufall als eine magische Prozedur, mit der man sich über die Barriere der Kausalität, der bewussten Willensäußerung hinwegsetzen konnte, mit der das innere Ohr und Auge geschärft wurden, bis neue Gedanken- und Erlebnisreihen auftauchten".

In der Computerisierung des Wissens will man die Möglichkeit des Zufalls ausschalten. Was für eine anmaßende Obsession. Der Zufall wird als Provokation gesehen.Mit mechanisch-kombinatorischen Apparaten und Tafeln versuchen Raimundus Lullus, Athanasius Kircher, Gottfried Wilhelm Leibniz und weitere Zeitgenossen Methoden für berechenbare Innovationen zu kreieren. Was der Mallorquiner Lullus im 13. Jahrhundert entwickeltete, war ein Vorläufer der Programmiersprachen Cobol und Assembler. Seine Ars Magna wurde erfolgreich auf Großrechnern installiert. Dennoch steckt nicht wirklich Schöpferisches in diesen Buchstabenspielereien und binären Codierungen.

Die kombinatorische Manipulation träumt von der Vorsehung sowie der Vorhersehbarkeit und landet in der Pseudologik, in Trugschlüssen, Komplott-Theorien, Paranoia, Aberglaube, Wunderglaube und Halluzination. Wer krampfhaft nach Kausalitäten sucht, kann gedanklich ins Abseits abdriften. Bei der Suche nach Innovationen sollten wir anarchischer, dadaistischer und gelassener werden. Das beschreibt ja die Kontingenz: Das

Nichtnotwendige; das, was auch hätte anders sein können. Entspannt Euch also ein wenig, wenn über Zukunftsstrategien der Bundesregierung oder Strategieprobleme Deutschlands gesprochen wird, die der Handelsblatt-Chefredakteur Sebastian Matthes skizziert: Unter der Zwischenüberschrift „Disruptionen sind kein Zufall" formuliert Matthes: „Die Fans der Ordnungspolitik alter Schule müssen nun ganz stark sein. Die Geschichte lehrt nämlich, dass echte technologische Disruptionen höchst selten zufällig geschehen, besonders gilt das für deren Weiterentwicklung und Skalierung. In vielen Fällen sind sie das Ergebnis strategischer Planung, von Forschungsförderung und öffentlichen Aufträgen. Die Computerindustrie des Silicon Valley ist so entstanden. Die Tech-Industrie in Israel auch."

Ist das so? Schaut man sich die Tech-Überflieger an, dann deutet doch vieles auf Zufall, Glück und Kontingenz hin. Nur allzu gern versuchen wir krampfhaft, unserem Dasein eine gehörige Portion Kausalität aufzutischen. Das sind nur Ex-Post-Konstruktionen. Wenn ein durchschnittlicher Golfer bei einem zweitägigen Turnier einen überdurchschnittlichen Start hinlegt, gehen wir davon aus, dass er auch am zweiten Tag eine gute Leistung zeigt. Die Wahrscheinlichkeit ist allerdings hoch, dass er wohl eher wieder ein normales Ergebnis bringt, weil das außerordentliche Glück des ersten Tages nicht anhalten wird. Für Sportreporter ist das aber keine Neuigkeit.

Was der Nobelpreisträger Dan Kahneman als Regression zum Mittelwert bezeichnet, bringt keine Schlagzeilen. Die Headline muss daher anders lauten: „Der Golfer zeigte Nerven und konnte dem Druck nicht standhalten". Oder: „XY ist kein Siegertyp". Oder auch: „Der Gegner zermürbte den Champion des ersten Tages". Mit folgender Schlagzeile geben wir uns nicht zufrieden: „Der Golfer hatte ungewöhnlich viel Glück". Da fehlt die kausale Kraft, die unser Intellekt bevorzugt.

Wir suchen krampfhaft nach einer eindeutigen Beziehung von Ursache und Wirkung, tappen damit aber in die Falle ungerechtfertigter kausaler Schlüsse. Glück oder Zufall passen nicht zur Attitüde der Welterklärer, Chefredakteure und Politik-Berater. Das gilt auch für Rückschaufehler. Im Nachgang ist man immer schlauer und erkennt Gründe, die vorher niemanden interessierten. Schön zu beobachten beim Angriff von Russland auf die Ukraine. Es gibt nur sehr wenige Zeitgenossen, die die totalitären Absichten des russischen Präsidenten richtig einschätzten.

Zu ihnen zählt Walter Kohl, der 2019 einen außenpolitische Exkurs zu Papier brachte mit dem Tenor:
Das System Putin ist unser Feind.
Er erläuterte seine Sichtweise auf der Fachmesse Zukunft Personal.
https://www.youtube.com/live/4e_-JM6LQFM?feature=share

Hier geht's zum Video

Der Handelsblatt-Häuptling könnte si . den Bestseller „Immer erfolgreich" von Jim Collins und Jerry I. Porras vorknöpfen. Das Buch enthält eine gründliche Analyse von 18 konkurrierende Unternehmenspaarungen, bei denen eines erfolgreicher war als das andere. Jeder Vorstandschef, Manager oder Unternehmer sollte nach Auffassung der beiden Autoren dieses Buch lesen, um visionäre Firmen aufzubauen. Dann hätten sie wohl eine Strategie….

Nach dem Erscheinen des Buches schwand der Abstand in Ertragskraft und Aktienrendite zwischen den herausragenden und den weniger erfolgreichen Firmen praktisch auf Null. Über einen Zeitraum von zwanzig Jahren erzielten die Unternehmen mit den schlechtesten Bewertungen im weiteren Verlauf viel höhere Aktienrenditen als die bewunderten Kandidaten. Besonders von Top-Managern und Politikern wird die Rolle von Können und Geschick maßlos überbewertet. So wollten die Google-Gründer nach einem Jahr ihr Unternehmen für eine Million Dollar verkaufen, aber dem potenziellen Käufer war der Preis zu hoch und der Deal platzte. Weil jede folgende Entscheidung des Suchmaschinen-Giganten mehr oder weniger positiv ausging, deutet die Geschichte auf ein beinahe makelloses Vorauswissen hin – „aber Pech hätte jeden einzelnen der erfolgreichen Schritte zunichtemachen können", bemerkt Kahneman. Die Aura der Unbesiegbarkeit und des Heldentums im Management ist in Wahrheit ein Werk der Göttin Fortuna.

Deshalb empfehle ich dem Handelsblatt-Chefredakteur den Begleitband zur Luhmann-Ausstellung in Bielefeld. Dort steht etwas zu den Vorteilen von Ordnung und Unordnung, die man kombinieren kann. Niklas Luhmann bewegte sich auf der von Horace Walpole benannten Gabe der Serendipität, also der Fähigkeit, etwas zu finden, was man gar nicht gesucht hat. Eine Recherche-Methodik für überraschende Erkenntnisse.

Entscheidend ist dabei der Verzicht auf eine Priorität. Es gibt in diesem Netz der Notizen keine privilegierten Plätze und keine Zettel von besonderer Qualität. Schmeißt also die Pläne und Strategien in der Innovationspolitik über Bord, überlegt Utopien und Visionen, die eine große Bandbreite an technologischen und organisatorischen Möglichkeiten eröffnet. Der Weg zur Innovation sollte Spaß machen.

Zudem kann man mehr positive Zufälle kreieren. „Oder anders gesagt, den Raum zu vergrößern, in dem Serendipität stattfinden kann", so Christian Busch im Interview mit Peter Felixberger und Armin Nassehi, veröffentlicht im Kursbuch 213 mit dem Schwerpunkt „Alles kein Zufall".

Man kann sich auf das Unerwartete auch vorbereiten, um besser, schneller und konstruktiver zu reagieren.
Wir sollten Räume schaffen für mehr Experimente und nicht ständig über Risiken fabulieren, wie der Bundesdatenschutzbeauftragte Ulrich Kelber, derChatGPT wohl als Untergang des teutonischen oder europäischen

Abendlandes wertet. Perspektiven zeigen der KI-Forscher Wolfgang Wahlster sowie Daniela Todorova und Oliver Gürtler von Microsoft Deutschland. Nicht nur lehrreich für Datenschützer.

# Kapitel 6

## Deep-Tech statt Tiktok-Selfie-Videos - Warum Deutschland mehr De-Industrialsierung vertragen kann

Die Kernkompetenz der Wirtschaft in Deutschland liegt bei Deep Tech, so führt es der Hidden-Champion-Forscher. Professor Hermann Simon im Sohn@Sohn-Adhoc-Interview.

„Technologien wie das iPhone oder die SpaceX-Raketen sind Hightech-Produkte, die sichtbar sind wie der Montblanc. Jeder kennt, jeder sieht sie. Ich wage die Prognose, dass wir in Bereichen wie Massendigitalisierung, Künstlicher Intelligenz, Raumfahrt oder Wehrtechnik, also in symbolischer High-Tech, auch in Zukunft Innovationsversager bleiben. Unsere Technik ist nicht sichtbar, sie ist tief in der Wertschöpfungskette verborgen."

Wenn Simon bei Vorträgen die Frage stellt, wie viele Zulieferer Apple in Deutschland hat, bewegen sich die Schätzungen zwischen Null und 20. Die wahre Zahl ist 767. Kaum einer dieser Zulieferer ist in der Öffentlichkeit bekannt, praktisch alle sind Hidden Champions. Dazu gehört die von dem Informatiker Jürgen Schmidhuber entwickelte deutsch-schweizerische Software Long Short Term Memory (LSTM), die hinter dem Siri-System von Apple steht und auf mehr als 3 Milliarden Smartphones installiert ist.

Celonis aus München ist Weltmarktführer für sogenanntes Process Mining und wird mit 13 Milliarden Euro bewertet. Deepl aus Köln liefert, wie in vielen Tests nachgewiesen, die besten Übersetzungen der Welt, Und hinter dem Weltmonopol der holländischen Firma ASML für Extreme Ultraviolette Lithografie stehen mit Trumpf und Zeiss zwei deutsche Schlüssellieferanten. Der Laser von Trumpf erzeugt in der Spitze eine Leistung von 20 Gigawatt und eine Temperatur von 220.000 Grad Celsius. Pro Sekunde werden mit Hilfe dieses Gerätes, das aus 457.329 Bauteilen besteht und 17,9 Tonnen wiegt, 50.000 Zinntropfen auf den Chip geschossen. Fast noch komplexer ist das optische System von Zeiss. Es verkürzt die Distanz auf den Chips von 193 auf 13 Nanometer und verlängert so das Gesetz von Moore um mindestens zehn Jahre. Mit seiner Hilfe können 56 Milliarden Transistoren auf der Fläche einer Fingerkuppe platziert werden.

„Unser bevorzugtes Feld sollten Deep-Tech-Anwendungen sein", so der Rat von Simon an die Wirtschaftspolitik. Um damit Erfolg zu haben, braucht es sehr große Tiefe, die in Kompetenz, in der Zeit oder in der Komplexität der Wertschöpfungskette gründen kann.

„Können wir damit leben? Ich glaube schon, denn auch in der alten Welt lagen unsere Stärken nicht in Produkten und Dienstleistungen für Konsumenten. Wir hatten nie weltführende Konsumgüterfirmen wie Coca-Cola, Procter & Gamble, McDonald's, Starbucks oder Marriott. Aber wir waren und sind führend in industriellen Produkten und Prozessen", erläutert Simon. Er warnt vor einem Subventionswettlauf in der Industriepolitik und hält es sogar für notwendig, etwas weniger auf Made-in-Germany zu setzen.

„Wir brauchen eine gewisse De-Industrialisierung. Wenn wir den Anteil der Produktion am Bruttoinlandsprodukt betrachten, liegen wir bei rund 24 Prozent. Die USA schneiden da viel schlechter ab und liegen nur bei gut zehn Prozent. Großbritannien und Frankreich liegen bei zwölf Prozent. Diese Länder brauchen eine Re-Industrialisierung", betont der emeritierte Professor für Betriebswirtschaftslehre und Mitgründer der Unternehmensberatung Simon-Kucher & Partners.

Von energieintensiven Branchen sollten wir uns verabschieden. Seit den 1960er Jahren sinkt der Industrieanteil. Das gilt für den Bergbau, für die Schwerindustrie, für die Textilindustrie und für die Produktion von Kameras. Die Fertigungstiefe sinkt, aber die Leistungsfähigkeit der Volkswirtschaft in Deutschland steigt.

Am Beispiel Apple ist gut zu erkennen, dass der Hardware-Sektor ohne die deutschen Vorleistungen gar nicht funktionieren würde.

Eine moderate De-Industrialsierung wäre nach Ansicht von Simon sinnvoll, um neue Wirtschaftsthemen adressieren zu können. Wir sollten uns von den digital-transformatorischen Keynote-Dampfplauderern nicht ins Bockshorn jagen lassen. Sie bringen immer wieder die gleichen Beispiele, die belegen sollen, wie schlecht wir die Digitalisierung realisieren und tröten die immer gleichen Beispiele in ihre Mikrofone. Von Instagram bis Uber. Bringt doch mal Repräsentanten von Trumpf oder Multivac auf die Bühne, wie auf der Fachmesse Zukunft Personal.
https://www.youtube.com/live/RKMFIsv_rSE?feature=share

Die volkswirtschaftliche Musik spielt dort und nicht bei TikTok-Selfie-Videos.

# Kapitel 7

## ChatGPT als Möglichmacher für Innovationen - Unternehmen sollten den neuen iPhone-Moment nicht verpassen

Der Netzökonom Holger Schmidt hat in kluger Weise die Anwendungen von ChatGPT weitergedacht - jenseits von dümmlichen Selfie-Fragen und albernen Kichereien über vermeintlich falsche Antworten der KI-Maschine.

https://www.linkedin.com/pulse/newsletter-112023-co-piloten-tesla-byd-amazon-dr-holger-schmidt

Eine Information auf Google suchen? Eine Nachricht in seinen E-Mails nachlesen? „Alles nicht mehr nötig, meint zum Beispiel Bill Gates. Weil es nun intelligente Co-Piloten auf Basis der generativen KI gibt, die den Menschen diese Arbeiten abnehmen. Microsoft hat gerade die Voraussetzung geschaffen, diese digitalen Helfer in die Geschäftswelt zu übertragen: ‚Zeige mir die Kunden, die in diesem Monat erstmals bei uns bestellt haben, sortiere sie nach Kaufwahrscheinlichkeit und sende ihnen einem 20-Prozent-Rabattcoupon' werden Marketers zu ihren CRM-Programmen sagen oder ‚Beantrage eine Woche Urlaub Ende Juni und lasse ihn von meinem Vorgesetzten genehmigen' die Beschäftigten zu ihrer HR-Software", erläutert Schmidt. Zudem könnten Unternehmen nun gekapselte ChatGPT-Varianten mit ihren eigenen Daten füttern, was einen immensen Fortschritt bringen kann: Wenn die Datenbasis korrekt sei, liegt auch die Wahrscheinlichkeit

für richtige und passende Antworten viel höher als bei allgemeinen Trainingsdaten aus dem Internet.
„Als Ergebnis können Unternehmen nicht nur einen schnellen Zugang zu ihren Daten für die Mitarbeiter schaffen ('Welcher Kollege bearbeitet meinen Beschaffungsauftrag?'), sondern auch innovative Anwendungen für Kunden bauen, die auf gesicherten Daten basieren. BloombergGPT oder JPMorgen mit IndexGPT haben die KI schon mit ihren Daten und Analysen der vergangenen Jahrzehnte gefüttert, um intelligenten Antwortmaschinen für Finanzen zu bauen - und damit Research und Beratung in der Finanzwelt wahrscheinlich für immer verändert", so der Netzökonom.

Zu Ende gedacht werde die KI uns also nicht nur beträchtliche Produktivitätsfortschritte bringen, sondern auch die Basis für viele neue Geschäftsmodelle in Form automatisierter Dienstleistungen bilden, die auf Wissen basieren. Nicht nur Programmierer, Illustratoren oder Texter, sondern auch Anwälte, Analysten, Berater oder Dozenten sollten sich also genau anschauen, wie schnell die KI ihre Fähigkeiten lernt. Oder besser: Gleich die KI nutzen, um das Beste aus Mensch und Maschine herauszuholen.
Insgesamt ist es klar, dass KI in vielen Bereichen immer wichtiger wird und eine entscheidende Rolle für den Erfolg von Unternehmen spielt. Es ist daher wichtig, dass sowohl Unternehmen als auch Einzelpersonen verstehen, wie sie KI nutzen können, um das Beste aus Mensch und Maschine herauszuholen.

ChatGPT, basierend auf dem GPT-3.5 Sprachmodell, bietet eine Fülle an potenziellen Einsatzmöglichkeiten, besonders im operativen Geschäftsbereich von Unternehmen. Hier

sind einige mögliche neue Dienste und Anwendungsfälle, die besonders für den Mittelstand interessant sein könnten:
**Kundenservice**: ChatGPT kann als Kundenservice-Bot genutzt werden, um Kundenanfragen rund um die Uhr zu beantworten. Damit kann ein schneller, automatisierter Kundenservice gewährleistet werden, was besonders wichtig ist, wenn die Kundenzahl steigt und die Ressourcen begrenzt sind.
**Interne Prozessoptimierung**: Für interne Prozesse wie HR, Buchhaltung und IT-Support könnte ChatGPT Anfragen und Aufgaben automatisieren, was den Mitarbeitern Zeit für andere Aufgaben gibt.
**Forschung und Entwicklung (F&E) und Smart Manufacturing**: Die Möglichkeit, große Datenmengen zu analysieren und relevante Informationen zu generieren, könnte in Bereichen wie F&E und Smart Manufacturing genutzt werden. Etwa bei der Zusammenfassung von neuen Forschungsergebnissen oder bei der Analyse von Produktionsdaten, um Verbesserungen vorzuschlagen.
**Training und Onboarding**: ChatGPT könnte für Schulungen und das Onboarding neuer Mitarbeiter genutzt werden, indem es Fragen beantwortet, Informationen bereitstellt und sogar interaktive Lernszenarien erstellt.
Es ist jedoch wichtig zu betonen, dass eine erfolgreiche Nutzung von ChatGPT und Co. eine angemessene Strategie für Ideenfindung, Prototyping, Testing und Umsetzung erfordert. Darüber hinaus sollten Unternehmen über die nötige technische Expertise verfügen, um mit der API von ChatGPT zu interagieren. Und hier kann der Mittelstand sehr schnell punkten, so Oliver Gürtler, Leiter des Mittelstandsgeschäft bei Microsoft, im Gespräch mit Sohn@Sohn.

„Stell dir vor, ein schwäbisches Produktionsunternehmen liefert seine Maschinen weltweit aus. Da ist eine

Telefonnummer drauf. Was heute möglich ist, ist, dass der Anruf bei Teams ankommt. ChatGPT ist als Bot im konventionellen Business vorher gefüttert worden mit den Daten zu den Maschinen und kann jetzt schon als virtueller Agent einen Teil der Fragen beantworten. Der Rest geht an den Dispatcher. Der sieht aber in Teams, was waren die vergangenen Anrufe? Er kann ganz anders reagieren. Der schickt das Ersatzteil raus mit der HoloLens, sodass gar kein Techniker mehr mit rausfahren muss."

Danach schreibt ChatGPT eine Zusammenfassung auf Portugiesisch, wenn der Kunde in Brasilien ist. Hier ist das Thema Kompetenz super wichtig. In allen Branchen sollten sich Führungskräfte mit dem Zusammenspiel von Mensch und KI auseinandersetzen. Experten sprechen von einem neuen iPhone-Moment, der vieles auf den Kopf stellen wird.

# Kapitel 8

## Mehr Flow, richtiges New Work und Empowerment für Innovationen wagen

New Work wird immer mehr zur lächerlichen Phrase und zum Containerbegriff. Jeder schmeißt rein, was so gerade angesagt ist. Werden so genannte Open-Space-Büros eingeführt, um Mietfläche zu sparen, ist das selbstredend New Work. Will ein Coach Achtsamkeitskurse oder eine Unternehmensberatung agile Projektarbeit verkaufen, dann wird das Etikett New Work drauf geklebt. „Solche Container haben die Eigenschaft, dass sie nach einiger Zeit zu riechen beginnen. Dann hält man lieber Abstand", sagt Professor Carsten C. Schermuly, Autor des Buches „New Work Dystopia. Das Opus ist explizit keine Abrechnung mit der ursprünglichen New-Work-Idee:

„Ich verstehe New Work als Praktiken in Organisationen, die das Ziel haben, das psychologische Empowerment der Mitarbeitenden zu steigern. Psychologisches Empowerment setzt sich aus vier Wahrnehmungen der Arbeitsrolle zusammen: Bedeutsamkeit, Kompetenz, Selbstbestimmung und Einfluss", betont der Wirtschaftspsychologe. In seiner Abhandlung steht das fiktive Unternehmen „Kaltenburg" für die Trivialisierung und Instrumentalisierung die ursprünglich von <u>Frithjof Bergmann</u> entwickelte Idee des Abschieds von den Prinzipien der Massenproduktion des Industriekapitalismus.

Ohne Ziel und trotz fehlender kultureller und personeller Voraussetzungen werde New Work seelenlos „missbraucht", um Unternehmen profitabler zu machen.

"New Work als Demokratieprojekt widerspricht autoritären Grundsätzen und einer autoritären Haltung. Selbst die Einführung von Homeoffice geht mit einer gesteigerten Arbeitsort-Autonomie einher", erläutert Schermuly. Harte Kost für Führungskräfte, die noch im Generaldirektor-Modus unterwegs sind.

In vielen Transformationsprojekten sollen Organisationen nur auf Effizienz getrimmt werden. Flache Hierarchien, Dezentralisierung, dann wieder Fokussierung auf das Kerngeschäft, dann sogleich die Umkehr auf Profitcenter. So etwas hören abhängig Beschäftige nun schon seit Jahrzehnten. Immer die gleiche Consulting-Leierkasten-Propagana mit unterschiedlichen Wichtigtuer-Vokabeln als Opium für Arbeitnehmerinnen und Arbeitnehmer. Damit die Belegschaft nicht rebelliert, steckt man das Ganze Motivationsgesülze jetzt eben in New-Work-Geschenkpapier mit Schleifchen. „Das klingt niedlicher", weiß Schermuly.

In der Forschung geht es ihm darum nachzuweisen, wie sich die Innovationsfähigkeit von Unternehmen verbessern lässt, wenn man Sinn, Selbstbestimmung, Einfluss und Kompetenz während der Arbeit erlebt. Im New-Work-Barometer seiner wissenschaftlichen Forschung gibt es dazu evidenzbasierte Befunde. Häufig reduzieren Führungskräfte das Ganze nur auf eine Pseudo-Selbstbestimmung. Für die Innovationskraft und Zukunftsfähigkeit von Firmen sei das sehr gefährlich, warnt Schermuly im Interview mit New Management. Wer keinen Einfluss bekommt und seine Kompetenz nicht zur Wirkung bringen könne, reagiert mit innerer Kündigung. Wenn Unternehmen alle vier Dimensionen von Empowerment adressieren, verringert sich die Fluktuation und es steigt die Zufriedenheit mit der eigenen Arbeit. Ein wichtiger Punkt steht beim Wirtschaftspsychologen Schermuly ganz oben auf der Liste seiner Tipps. Das sei jetzt keine Rocket Science. Intern sollten sich Organisationen mehr mit Zukunft und Zukunftsdiagnostik beschäftigen. Da kann man den Staat, die Wissenschaft, Verbände, die Privatwirtschaft und auch die Parlamente mit einbeziehen. Und das gar in einem deliberativen Vorgehen. Deliberatio, werte Bundesregierung: Erwägen, überlegen und am Ende sich entscheiden. Und nicht einfach von oben herab irgendeinen wohlklingenden Befehl in die Belegschaft hämmern. Zukunft gemeinsam festlegen, Ist-Zustand diagnostizieren und dann die organisationspsychologischen Voraussetzungen für die Zukunftsfähigkeit schaffen. Das müsse bis zur Nachtschicht diskutiert werden, empfiehlt Schermuly. Für solche eine Transformation müsse man sich Zeit nehmen. Das gehe auch nicht punktuell oder Berater-Rein-Raus-Zyklen. Wir wissen als Menschen sehr genau, welche Entwicklungsaufgaben vor uns liegen. „Warum sollte das in einem Unternehmen aufhören?", fragt sich Schermuly.

Das psychologische Empowerment und die psychologische Gesundheit der Mitarbeitenden haben einen entscheidenden Einfluss auf die Innovationsfähigkeit von Organisationen. Und da schneiden wir in Deutschland nach den aktuellen Zahlen des Gallup-Instituts super schlecht ab. Noch nie wollen so viele Menschen ihren Arbeitsplatz in den nächsten Monaten wechseln. Noch nie war die Unzufriedenheit so groß. Als Psychologe möchte Schermuly den Volkswirten nicht in die Parade fahren. Aber wie wäre es, wenn wir in der Wirtschaftspolitik, bei Förderprogrammen, Budgets für Sprunginnoationen und Steuererleichterungen stärker über Team-Empowerment nachdenken? Deutschland braucht keinen Ruck, sondern mehr Flow im Sinne von Schermuly und im Sinne des Flow-Forschers Mihály Csíkszentmihályi. Die Verknüpfung der psychologischen Schule der Konjunkturtheorie mit anderen

Disziplinen, wie der Geld- oder Preistheorie, sei die eigentliche Herausforderung, schreibt Wilhelm Röpke bereits 1932. Er zählte nach 1945 zu den Architekten der Sozialen Marktwirtschaft. Die eigentliche Aufgabe der Krisen- und Konjunkturtheorie sei es zu zeigen, "wie sich diese seelischen Vorgänge mit den realen Tatsachen des Wirtschaftslebens zu einem Gesamtzusammenhang verknüpfen, welche Verschiebungen sich auf diese Weise im Produktionsgefüge, in der Einkommenschichtung, im Banksystem und im Aufbau der Preise und Kosten ergeben." Das Seelische könne sogar eine aktive und selbständige Rolle spielen bei der Überwindung des toten Punktes in der Rezession. Bundeswirtschaftsminister Robert Habeck sollten seinen Beraterkreis erweitern mit Wirtschaftspsychologen wie Carsten C. Schermuly.

# Kapitel 9

## Mit Stein und Hardenberg gelingt auch die Direktzahlung des Klimageldes - Mehr preußische Reformen im Digitalen

Die öffentliche Hand liebt Medienbrüche und sie liebt vor allem analoge Briefe und Umlaufmappen: Hier dominiert nach wie vor der Postweg oder das Faxgerät.
Was war das für ein Schwachsinn bei der Neuberechnung der Grundsteuer. Alle Daten liegen dem Staat vor – nur werden sie von unterschiedlichen Stellen verwaltet. Folge: Der Hauseigentümer bekommt die Arschkarte zugeschoben, die nötigen Unterlagen zu suchen, mit Androhung von Bußgeldern. Steuerbescheid einscannen und der Rentenversicherung per E-Mail schicken? Nee, nee. "Da kommt erst ein Formular per Post und da heften Sie dann den Steuerbescheid dran und schicken uns das wieder zu."

Echtzeitdaten-Management während der Corona-Zeit? Fehlanzeige. So war es unmöglich, Ursache und Wirkung bei den Maßnahmen zur Bekämpfung der Pandemie zu analysieren, bemerkt Professor Dietrich Grönemeyer auf der Fachmesse Zukunft Personal.

Warum ist das Klimageld noch nicht da?
Weil IT und Daten für Direktzahlungen fehlen. Das Bundesfinanzministerium will bis zum nächsten Jahr die Technik fertig haben. Was für ein Offenbarungseid. Mittlerweile sind die $CO_2$-Einnahmen auf Jahre für andere Sachen verplant wie Häusersanierung, Heizungstausch, EEG-Förderung, Subventionen für Intel und Co. Die

verschlafene Digitalisierung richtet auch hier erheblichen Schaden an: Hätte es Ende 2021 einen Direktzahlungsweg gegeben, wären die Einnahmen aus den $CO_2$-Abgaben womöglich nicht komplett anders verplant worden und wir hätten heute ein historisches Klimageld, meint der Journalist Philip Banse auf der Plattform X
https://twitter.com/philipbanse/status/1691116601226227712

Der Ex-Politiker Thomas Sattelberger und der Unternehmer Winfried Felser forderten in einer Kolumne so eine Art französische Revolution, um Deutschland grundlegend zu reformieren. Wenn man sich den maroden digitalen Staat hierzulande anschaut, brauchen wir eher eine Totalsanierung der technischen Infrastruktur und die Entwicklung von Highend-Innovationen nach preußischem Vorbild.

Was mit dem Sturm auf die Bastille begann, endete bekanntlich im Terrorregime der Jakobiner und führte zur Machtergreifung von Napoleon mit den bekannten kriegerischen Folgen für Europa. Letztlich offenbarte der napoleonische Expansionswille auch die Schwachstellen des europäischen Staatensystems. Und hier spielte dann eben in Preußen die Musik mit den Stein-Hardenbergschen Reformen und den wirtschaftspolitischen Akzente, die beispielsweise zum Technologie-Boom in Berlin führten. Ausgelöst durch den „Postminister" Heinrich von Stephan unter Kanzler Otto von Bismarck. .

Die wirtschaftspolitische Bilanz der Franzosen in Folge der Bastille-Erstürmung ist mager, wenn man sich die Entwicklung im 19. Jahrhundert und Anfang des 20. Jahrhunderts anschaut.

So lag die Arbeitslosigkeit zwischen 1871 und 1914 in Deutschland bei 1 bis 2 Prozent.

In Frankreich bei 6 bis 10 Prozent.
Das Volksvermögen 1912 betrug in Deutschland 290 Milliarden Goldmark, Frankreich kam auf 240 Milliarden Goldmark.
Die Zahl der Telefone lag in Deutschland 1910 bei 1.076.000, in Frankreich bei 14.616.

Hier war Berlin das Silicon Valley der Telekommunikation. Steuerbelastung pro Kopf: Deutschland 35 Mark, Frankreich 66 Mark.

Ähnlich sieht es bei der Erzeugung von Roheisen und Eisenerzen aus, beim Außenhandel, in der Spielwarenindustrie, bei Sparguthaben, bei der Erzeugung von Elektrizität und dergleichen.

Entscheidend war dabei die Rolle des Staates:
Etwa bei der Reform der Verwaltung, des Finanzwesens und der Gewerbeordnung, die in Preußen in Gang gesetzt wurden.

Generell sei die staatliche Wirtschaftsförderung wichtig gewesen, so Philipp Robinson Rössner in seinen Opus „Wirtschaftsgeschichte neu denken": Etwa bei der Gewerbe- und Industrieförderung, der Qualitätssicherung von Industrie- und Gewerbeprodukten, der Bereitstellung öffentlicher Güter und Infrastruktur bis hin zur gezielten Importsubstitution und infant industry protection, die bis heute in weniger entwickelten Ländern bisweilen erfolgreich angewandt wird.

Was im 19. Jahrhundert möglich war, sollte doch heute wieder gelingen. Innovationen gelingen nur mit einer modernen technologischen Infrastruktur. Und die sollte der Staat anstoßen durch eine Aussetzung der Schuldenbremse. Wir brauchen noch mehr Wumms, Herr Bundeskanzler.

# Kapitel 10

## Wie der Verpisser-Jargon die Innovationskraft Deutschlands verschlechtern könnte

Wie wissenschaftlich und empirisch abgesichert geht es in ökonomischen und politischen Debatten zu? Wenn man sich die Hasstiraden, Aburteilungen, Beleidigungen und Blockade-Exzesse unter den Protagonisten der Ökonomik, politischen Wissenschaft, Soziologie, Philosophie und Geschichtswissenschaft anschaut, dann ist da kaum etwas von fundierter Wissenschaftstheorie zu spüren.

Es regiert die schnelle Meinung und Aburteilung. Gekämpft wird in ideologischen Schützengräben. Je intensiver die abgefeuerten Stinkbomben riechen, um so mehr steigt die Zahl der Repostings und Likes.

Es sind Streit-Süchtige, die in ihrer geschützten Laptop-Umgebung die Muskeln spielen lassen und ihre Schadenfreude kaum unterdrücken können, wenn sie mit ihren Tweet-Spuckröhrchen um sich schießen und einige Treffer landen.

Die empirische Evidenz der semantischen Scharfschützen hat die Relevanz der Tagesschau von vorgestern. Vom kranken Mann in Europa bis zur angeblich zweitklassigen deutschen Technologie-Nation im Vergleich zu China und USA wird alles an „Fakten" instrumentalisiert, um das eigene Weltbild zu untermauern. Sachlichkeit und der Versuch des Abwägens stören da nur.

Ablehnung von Bundesjugendspielen: Beleg für die verweichlichte junge Generation, die sich nicht mehr anstrengen wolle. Keine einzige Medaille bei den Leichtathletik-Weltmeisterschaften sei ein Indikator für den Abstieg einer ganzen Nation. Das Vorrunden-Aus bei der Fußball-WM in Katar zeuge von Mittelmaß und Bräsigkeit.

Wir könnten international nicht mehr mithalten und sind kein Champion bei Innovationen mehr. So lassen sich die dämlichen Analogien endlos fortsetzen. Die Leistungsmoral junger Leute sei unter aller Sau. Es dominiere eine Verpisser-Kultur in Komfortzonen und dergleichen mehr. Einzelfall-Empirismus auf dem Niveau von Horoskop-Schreiberlingen.

Dabei zeigt das auf der Zukunft Personal vorgestellte aktuelle Karrierebarometer, dass die junge Generation leistungsbereit ist und dafür auch ordentlich bezahlt werden möchte. Was für eine Überraschung für all jene, die komplette Jahrgangs-Kohorten mit vorurteilsgeladenen Zerrbildern überzieht.
https://www.youtube.com/live/hFverCKLSU8?si=FFPB2NVvbqY15TuO

Während der Pandemie waren international die Schweiz und Deutschland jene Länder, die am schnellsten die Arbeitswelt, da wo es möglich ist, auf Homeoffice umgestellt haben. Kaum ein Wirtschaftsmedium titelte mit der Überschrift „Wir sind Remote-Weltmeister" weit vor den angeblichen Tech-Giganten USA, China und Co. Kaum einer reflektierte, wie wir mit kluger Wirtschaftspolitik ohne großartige Firmenzusammenbrüche durch die Corona-Zeit gekommen sind.

Andere Länder haben jetzt einen viel größeren Nachholbedarf und liegen deshalb in den Wachstumsraten vorn, so Wolfgang Brickwedde vom Institute for Competitive Recruiting in der Sendung #ZPNachgefragt.

https://www.youtube.com/live/Piy5z7cJZp4?si=lXrv0dCT_bv11WnS

Der Arbeitsmarkt sei robust und die Stellenanzeigen deuten auf ein Ende der Stagnation hin, denn sie sind ein Frühindikator für die Entwicklung der Konjunktur. Rückstand bei der KI-Forschung, weil man auf falsche Pferde gesetzt hat? Nun ja. Allein beim Sprung von der Suchmaschine zur Antwortmaschine würde man ohne deutsche Forschung nicht sehr weit sein, also beispielsweise ohne die Anwendung der deutsch-schweizerischen Long-Short-Term-Memory-Software.

Es ist Unternehmen in den vergangenen 150 Jahren immer wieder gelungen, Fortschritt durch Basisinnovationen auszulösen. Etwa Beiersdorf, Oetker, AEG oder Siemens. Sie glänzten mit Innovationen und konnten ihre Belegschaft besser bezahlen als die Konkurrenz. Siemens gründete bereits 1872 eine Pensions- Witwen- und Waisenkasse, AEG-Arbeiter profitierten vom sozialen Verantwortungsgefühl der Chefetage, Beiersdorf reduzierte bereits 1912 die wöchentliche Arbeitszeit bei vollem Lohnausgleich.

Die Pioniere des wirtschaftlichen Aufstiegs bauten Arbeiterwohnungen und moderne Schulen, stellten kostenlos Kinderbekleidung zur Verfügung, investierten in Wohlfahrtseinrichtungen, bauten die Gesundheitsversorgung aus und kümmerten sich um gesunde Ernährung. Diese Gründergeneration wurde von Schöpfern und nicht von Zerstörern geprägt.

Es waren keine Schwätzer, sondern tatkräftige Visionäre. Und die gibt es auch heute - nicht nur bei den Hidden Champions. Etwa bei den mittelständischen Unternehmen, die die Hardware für die Energiewende herstellen. Oder Persönlichkeiten, wie Timo Holm von Siemens, die Experimentierräume für Innovationen schaffen.

„Es steht außer Frage, dass Deutschland vor strukturellen Herausforderungen steht: die Rückkehr der Geopolitik und der Geo-Ökonomie, der Übergang zur Klimaneutralität, der demografische Wandel und der Fachkräftemangel. Hinzu kommen hausgemachte Probleme, insbesondere die bürokratische Schwerfälligkeit meines Landes. Und als Exportnation trifft es uns besonders hart, wenn Lieferketten unterbrochen werden und sich das Wachstum in China abschwächt", schreibt Bundeswirtschaftsminister Robert Habeck in einem Economist-Gastbeitrag als Replik auf die Einstufung der deutschen Wirtschaft als kranker Mann in Europa.

Der Mittelstand sei innovativ und seine vielen "Hidden Champions" sind stille Marktführer. „Ein breit aufgestellter Industriesektor sorgt für leistungsfähige Wertschöpfungsketten.

Unsere soziale Marktwirtschaft pflegt ihre Traditionen der Zusammenarbeit zwischen Arbeitgebern und Gewerkschaften und einen starken Sozialstaat. Und nachhaltige öffentliche Finanzen lassen dem Staat viele Möglichkeiten, bei Bedarf einzugreifen", so Habeck.

„Im letzten Winter haben wir gesehen, wozu Deutschland fähig ist, wenn alle an einem Strang ziehen, und haben unsere Abhängigkeit von russischem Gas in kürzester Zeit überwunden. Wir haben eine neue Flüssigerdgas-Infrastruktur aufgebaut, in einem neuen Deutschlandtempo. Diese Erfolge übertragen wir auf andere Bereiche, zum Beispiel auf den Ausbau der erneuerbaren Energien und der dafür notwendigen Netze, auf die Wasserstoffwirtschaft und auf regelbare Kraftwerke. Die Strompreise in Deutschland werden in den nächsten Jahren deutlich sinken, und ich bin sicher, dass meine Regierung die Mittel und den Willen finden wird, in der Übergangsphase für wettbewerbsfähige Strompreise zu sorgen", erläutert Habeck. Auf TwitterX wird das mit Sicherheit wieder zerredet.

Was vor diesem Hintergrund in der Ökonomik fehlt, ist die Frage, wie sich der Verpisser-Jargon vieler Meinungsbildner auf die wirtschaftliche Entwicklung auswirkt?

Deirdre McCloskey spricht treffend vom „Markt als Konversation". Rund ein Viertel aller wirtschaftlichen Aktivitäten beruhten auf Überzeugungsarbeit und Imagination.

Und die Wirkung der Imagination entsteht durch die Plausibilität ihrer Erzählung.

Der Bullshit vieler selbst ernannter Experten zur Vorhersage der Konjunktur ist nur zu entkräften durch eine Arbeitsweise, die über die eigene Disziplin hinaus geht: Betrachten wir Ökonomie als Literatur.

Vieles, was uns an volkswirtschaftlichen „Tatsachen" umgibt, ist poetisch im altgriechischen Sinne. Insofern ist der 2:1-Sieg der deutschen Fußballnationalmannschaft unter Leitung von Rudi Völler gegen Frankreich doch ein wohltuendes Zeichen, wenn diese Analogien nicht so dämlich wären.

Welche altgriechischen Assoziationen fallen Euch dazu ein?

# Kapitel 11

## Doppeltes Meinungsklima:
## Mittelstand im innovativen Aufschwungmodus -
## Der Medientenor leider nicht

Seit dem Sommer 2023 werden von der Mind-Business-Unternehmensberatung in einer qualitativen Erhebung Tiefeninterviews zur vierten Studie „Digitale Vorreiter im Mittelstand" geführt:
https://www.smarter-service.com/2023/10/05/twin-transformer-digitalisierung-und-nachhaltigkeit/

Gesprächspartner waren Top-Entscheider aus Familienunternehmen, Hidden Champions und Mittelständler aus allen relevanten Wirtschaftsbranchen von Handwerk, Handel und Industrie. Die Einstiegsfrage lautete:

„Wie ist die wirtschaftliche Lage Ihres Unternehmen, Grün, Gelb oder Rot? Und die Ergebnisse waren mehr als überraschend:

Bei 6 von 10 Befragten steht die Ampel auf Grün, sie arbeiten mit voller Kraft an ihrem wirtschaftlichen Erfolg.

Diese Ergebnisse stehen im krassen Widerspruch zur aktuellen Krisendiskussion rund um den "kranken Mann in Europa". Daher hat sich der Studienautor Bernhard Steimel die Frage gestallt, ob der deutsche Mittelstand etwa in einem Paralleluniversum lebt? Eine mögliche Antwort fand der Analyst beim Autor dieser Kolumne. These: Die eigene wirtschaftliche Lage kann man mit belastbaren Daten bewerten. Die Beurteilung der allgemeinen wirtschaftlichen Lage ist eher ein Abbild der Medienberichte.

Und da dominieren in der Gefahren-Wahrnehmung Inflation, der Ukraine-Krieg, Terror und geopolitische Spannungen. Eine Forschungsfrage wäre in diesem Zusammenhang interessant: Was passiert, wenn Twitter-X und Co. vor allem den politischen Medientenor nur verstärken und es fast unmöglich für die Bevölkerung machen, Primärquellen wahrzunehmen und den Erregungsüberschuss im Netz mit Distanz, Nüchternheit und Skepsis wahrzunehmen? Gibt es überhaupt noch eine Chance für eine kritische Urteilskraft jenseits von reißerischen Überschriften, Pöbeleien, Beleidigungen, Zynismus und Verdrehungen?

Im Wust der Postings überschlagen sich auch Journalisten im Kampf um die Deutungshoheit und in der Sucht nach Aufmerksamkeit.

Die Bildung öffentlicher Meinung wird so immer mehr zum Spielball von besonders sendungsbewussten und netzwerkmächtigen Akteuren, die mit ihren Agitationen besonders erfolgreich sind, wenn eine Überprüfung der Faktenlage schwierig, zweitaufwändig oder schlichtweg ermüdend ist – etwa beim Studium von Wirtschaftsstatistiken.

Da das Erfahrungswissen für die Bildung der individuellen Meinung und somit der Bevölkerungsmeinung jedoch ein wichtiger Faktor ist, scheinen komplexe und schwer überprüfbare Sachverhalte wie beispielsweise Wirtschafts- oder Sicherheitspolitik ein Schlachtfeld für Meinungskämpfe zu sein.

Besonders eklatant ist das bei Themen, die man zumindest in Ansätzen mit seiner eigenen Lage abgleichen kann. Die eigene wirtschaftliche Lage wird seit dem Ende der Finanzkrise 2009 kontinuierlich als gut gewertet. Die Werte schwanken bei den Befragungen der Forschungsgruppe Wahlen zwischen 50 und 70 Prozent. Nur jeder zehnte Befragte sieht seine wirtschaftliche Lage zwischen 2009 und 2023 schlecht.

Mit der Inflation und einer leichten technischen Rezession, die wir seit Anfang des Jahres konstatieren, gibt es wieder mehr Nahrung für Medien und Social Web, um den Standort Deutschland schlecht zu reden. Das hinterlässt Spuren bei der Beurteilung der allgemeinen wirtschaftlichen Lage: Seit vier Befragungswellen ist die Fernsicht auf den Status quo der Volkswirtschaft in Deutschland wieder pessimistisch. Das doppelte Meinungsklima schlägt also wieder zu durch die Dominanz eines negativen Medientenors. „Die mediale Verzerrung der Wirklichkeit lässt sich in vielen Bereichen des Alltags ständig beobachten", sagt Edgar Piel, der frühere Sprecher des Instituts für Demoskopie Allensbach: Etwa beim Vertrauen in die Politik oder bei der Einschätzung von Stress und Glücksgefühlen in der Politik.

„In fast allen Bereichen gibt es das doppelte Meinungsklima: die eigene Situation wird mehrheitlich gut beurteilt, aber man fühlt die eigene Situation als Ausnahme, weil man das Allgemeine ja nur aus den Medien kennt – und glaubt", erläutert Piel. Dieses Phänomen eines „doppelten Meinungsklimas" müsste zur Grundausbildung von Journalisten gehören, stört aber in der Praxis doch sehr bei der Zeichnung und Dramatisierung von Stimmungsbildern.

Wir können das ja weiter mit harten Fakten überprüfen, denn nach den Daten zu Stellenangeboten als Frühindikator für die Konjunktur und nach Analysen von KfW-Research, haben wir wirtschaftlich die Talsohle bereits verlassen: Und selbst die technische Rezession dürfte bald der Vergangenheit angehören:

„Das Geschäftsklima der Mittelständler hat sich zum Sommerausklang kaum noch verschlechtert, die Geschäftserwartungen allein klettern sogar erstmals wieder leicht nach oben. Gleichzeitig offenbart der Blick in die Segmente ein differenziertes Bild: Bei den Mittelständlern verbessert sich die Stimmung im verarbeitenden Gewerbe und dem Großhandel und bei den Großunternehmen sogar über alle Hauptwirtschaftsbereiche hinweg. Der konjunkturelle Talboden könnte erreicht sein", teilt KfW-Research mit.

Das heißt übrigens nicht, dass wir die Hände in den Schoß legen können:

„Wir sind in einer entscheidenden Phase, wo sich die Technologien der Zukunft ansiedeln", sagte der Ökonom Jens Südekum beim Capital-Vermögensaufbaugipfel mit Blick auf die massiven Subventionen in den USA. Was solle sonst der Unique Selling Point Deutschlands sein? Dafür müssten Staat und Unternehmen „ordentlich Geld in die Hand nehmen" und investieren. Nach aktuellen Schätzungen seien 100 Milliarden Euro pro Jahr zusätzliche Investitionen durch die öffentliche Hand bis 2030 nötig.

Vom digitalen Staat bis zur Forschung gibt es genügend Felder für sinnvolle und notwendige Staatsausgaben. Mein Appell an Kanzler und Finanzminister: Setzt endlich die Schuldenbremse aus und entfaltet grüne und moderne Wachstumskräfte.

# Kapitel 12

## Bürokratie-Hacker und kompetente Verwaltungsbeamte als Voraussetzung für Innovationen

Wie sähe eine Welt ohne Quantenmechanik aus? Es gäbe keine Computer, keine iPads, keine Mobiltelefone und schon gar keine Satelliten.

Die Entstehung und Entwicklung der Quantenmechanik erforderte Wissenschaftler, Unternehmer und Innovatoren, aber sie erforderte auch Bürokraten und Bürokratien. Dahinter stand ein Geflecht öffentlicher und privater Kapazitäten sowie Fähigkeiten, die in der Lage waren, Visionen zu entwickeln, zu planen, zu wiederholen und umzusetzen.

Rainer Kattel, Wolfgang Drechsler und Erkki Karo bezeichnen das in ihrem Buch „How to Make an Entrepreneurial State" trefflich als Innovationsbürokratien. Also Organisationen des öffentlichen Sektors. Als Beispiel kommt wieder Preußen ins Spiel. Genauer gesagt die Physikalisch-Technische Reichsanstalt (PTR), die 1887 in Charlottenburg gegründet wurde. Die PTR spielte nicht nur für die Pionierarbeit von Max Planck und anderen auf dem Gebiet der Quantenphysik eine wichtige Rolle, sondern war ein entscheidendes Rädchen im Aufstieg der deutschen Industrie, insbesondere in der Elektroindustrie, und trug zur Entwicklung von Technologien und Global Players bei, die noch heute existieren, wie Siemens und AEG.

Es dauerte mehr als fünfzehn Jahre, bis die PTR gegründet wurde, doch ihr Erfolg war phänomenal. In den frühen 1900er Jahren trug sie zur Verleihung zweier Nobelpreise bei (Wilhelm Wien 1911 und Max Planck 1918). David Cahan zufolge „stieg die Zahl der Fabriken in Deutschland zwischen 1875 und 1907 von 88 auf über 1.000 und die Zahl der Beschäftigten von knapp 1.300 auf über 91.000. Die PTR war eine der wichtigsten Triebkräfte für die Verlagerung der weltweiten Technologie- und Innovationsführerschaft vom Vereinigten Königreich nach Deutschland.

Die Gründung der PTR bietet ein idealtypisches Beispiel dafür, wie erfolgreiche Innovationsbürokratien gegründet werden und wie sie sich entwickeln. Die PTR wurde auf einem von Werner Siemens gestifteten Grundstück gegründet. Darüber hinaus setzte sich Siemens bei der deutschen Regierung stark für die PTR ein, übernahm die anfänglichen Baukosten und rekrutierte mit Hermann Helmholz, einem herausragenden deutschen Wissenschaftler und Wissenschaftsorganisator, den ersten Leiter. Siemens lieferte aufgrund seiner eigenen Erfahrungen als Industrieller auch den organisatorischen Aufbau sowie Leitlinien für die Entwicklung der PTR.

Seine Idee war es, eine starke oder charismatische Führungspersönlichkeit für die neue Organisation zu finden, die dann eine "wissenschaftliche Bürokratie"[6] aufbauen sollte - eine Blaupause dafür, wie man von der agilen und suchorientierten oder Startup-Phase einer Organisation zu einer stabileren, auf die Lieferung ausgerichteten Organisation übergeht. Dieses Organisationsmodell diente anderen deutschen Organisationen als Vorbild, insbesondere der 1911 gegründeten Kaiser-Wilhelm-Gesellschaft, die 1946 in Max-Planck-Gesellschaft umbenannt wurde, sowie dem 1898 gegründeten britischen National Physical Laboratory und dem 1901 gegründeten amerikanischen National Bureau of Standards. Vor allem in

Deutschland wurde die Innovationsbürokratie durch das Konzept der PTR geprägt, die Spitzenforschung voranzutreiben und gleichzeitig eng mit der Industrie zusammenzuarbeiten und Dienstleistungen für sie zu erbringen.

Die Rolle, die Siemens und andere wie er spielen, ist die eines charismatischen "Bürokratie-Hackers": jemand, der in der Regel von außen kommt, der sich in der bestehenden Bürokratie und den politischen Netzwerken gut zurechtfindet, der über genügend Einfluss verfügt, um Veränderungen voranzutreiben, und der Türen für neue Ideen und neue Wege öffnen kann, Dinge zu tun.

Das Beispiel der Physikalisch-Technischen Reichsanstalt zeige, dass die Zusammenarbeit zwischen Staat und Wirtschaft in Deutschland schon früh eine wichtige Rolle bei der Förderung von Innovationen gespielt hat. „Es war keine hierarchische Entscheidung des Staates, sondern es gab eine enge Zusammenarbeit zwischen Staat und Wirtschaft", erläutert Drechsler im Podcast der Agentur für Sprunginnovationen.
https://www.sprind.org/de/podcast/

Er betont, dass die Kompetenz der Verwaltungsmitarbeiter entscheidend war. Sie hatten das Fachwissen und konnten langfristig planen sowie schnell auf Veränderungen und Krisen reagieren.

Einer der fähigsten Verwaltungsmitarbeiter war Heinrich von Stephan. Er wurde 1870 von Bismarck zum Generalpostmeister der Norddeutschen Bundespostverwaltung und nach der Reichsgründung zum Reichspostmeister ernannt. Er erfand die Postkarte, gründete die Reichsdruckerei, das Postmuseum (heute: Museum für Kommunikation) sowie den Allgemeinen Postverein (1878 Weltpostverein) und forcierte erst in Deutschland, dann in der ganzen Welt den Aufbau der modernen Telegraphie. Stephan erkannte als einer der Ersten die politische und wirtschaftliche Relevanz des Telefons als Medium der Echtzeit-Kommunikation.

Das erste Telefonverzeichnis ist in der Öffentlichkeit noch als „Buch der Narren" verspottet worden. Sieben Jahre später gab es in Berlin mehr Telefonanschlüsse als in jeder Stadt in den Vereinigten Staaten von Amerika. Ein Siegeszug ohnegleichen. In diesem Sog entfalteten sich viele Unternehmen, die Berlin zum Silicon Valley der Telekommunikation machten.

Im Kontext von Energie, Innovation, Sicherheits- und Außenpolitik verweist Christian Growitsch, Leiter des Fraunhofer Zentrums für Internationales Management und Wissensökonomie in Leipzig, darauf, dass Länder wie die USA, Großbritannien und Frankreich diese Poltikfelder immer eng miteinander verknüpft haben. In Deutschland ist man leider nicht mehr auf diesem Level wie noch Ende des 19. Jahrhunderts.

Christian Hummert, Forschungsdirektor der Cyberagentur bringt eine weitere Perspektive ein: Wie können zusätzliche Verteidigungsausgaben nicht nur die Verteidigungsfähigkeit erhöhen, sondern auch positive Impulse für Innovation und Wachstum bieten?

Das Beispiel der USA wird dabei als potentielles Vorbild gesehen. Dabei geht es nicht nur um Finanzmittel, die für die Defense Advanced Research Projects Agency (DARPA) von der US-Regierung zur Verfügung gestellt werden. Die entscheidenden Aspekte sind die Regeln und Vorschriften, insbesondere im Bereich der öffentlichen Finanzierung und der Projektvergabe. Die berühmten "DARPA Challenges" könnten Deutschland erheblich vorantreiben, aber Deutschland ist durch strenges Vergaberecht eingeschränkt.

Hummert erklärt, dass für innovative Projekte in Deutschland Risikokapital erforderlich ist, das sich jedoch mit dem aktuellen Haushaltsrecht nicht leicht vereinbaren lässt. Erfolg und Scheitern sind beide Teil des Innovationsprozesses und das aktuelle System erlaubt es nicht, dass Projekte scheitern, was jedoch für bahnbrechende Innovationen unerlässlich ist.

Deutschland braucht eine Kulturveränderung in der Forschungsförderung. Es ist nicht unbedingt notwendig, DARPA exakt zu kopieren, aber es könnte sinnvoll sein, einige ihrer effektiven Elemente zu übernehmen.

Insgesamt wird deutlich, dass eine Neuausrichtung in der Art und Weise, wie Deutschland Innovationen fördert und finanziert, notwendig ist, um auf dem globalen Technologiemarkt wettbewerbsfähig zu bleiben. Mit dem sogenannten Sprind-Freiheitsgesetz will die Bundesregierung die Förderinstrumente ein wenig aus den Restriktionen des Haushalts- und Vergaberechtes befreien.

Insgesamt verdeutlicht die aktuelle Situation, wie Technologie und Innovation nicht nur Schlüssel zur Verteidigung, sondern auch zur wirtschaftlichen Prosperität und zur Bewältigung globaler Herausforderungen sein können.

„Unsere Aufgabe ist es, zwischen Technologieentwicklern und politischen Entscheidungsträgern zu vermitteln und sicherzustellen, dass die Einführung neuer Technologien nicht nur aus technischer Sicht, sondern auch aus gesellschaftlicher und wirtschaftlicher Sicht sinnvoll ist", resümiert Growitsch. Und das muss schneller gehen.

**Nachtrag Juli 2024 - Fraunhofer IMW wird abgewickelt:** Meine Fragen an die Fraunhofer Gesellschaft zu Standortschließungen in Leipzig und Halle wurden beantwortet – mehr oder weniger
Meine Fragen an die Fraunhofer Gesellschaft zu den Standortschließungen wurden von Thomas Eck, Fraunhofer-Gesellschaft Bereich Wissenschaftskommunikation, beantwortet. Oder auch nicht.

- Welche konkreten „tiefgehenden Analysen und eingehenden Abwägungen" wurden durchgeführt?

Die internen, ergebnisoffenen Analysen wurden von Expertinnen und Experten erstellt. Bei unternehmerischen Entscheidungen ist es üblich, interne Zahlen und Daten mit Blick auf die Wahrung der Vertraulichkeit nicht zu veröffentlichen, da bitten wir um Verständnis.

- Was bedeutet „hinter den mit der Institutsleitung mehrfach vereinbarten Zielen zurück" konkret? Könnten konkrete Zahlen und Vergleichsindikatoren, die diese Zielverfehlung belegen, offengelegt werden? Welche spezifischen Ziele wurden nicht erreicht?

Hierbei handelt es sich um interne Informationen, da bitten wir um Verständnis.
- Gibt es finanzielle Engpässe oder andere wirtschaftliche Gründe, die die Entscheidung beeinflusst haben? Reaktion im IMW: „Alle Auditberichte sagen das Gegenteil."

Das Fraunhofer-Modell ist einzigartig und der Schlüssel für unsere Wettbewerbsfähigkeit und unseren anhaltenden Erfolg im Markt – denn wir sind beständig gefordert, uns an den Markterfordernissen für Innovation und Transfer zu orientieren.

Etwa ein Drittel unseres Haushalts steuern Bund – insbesondere das Bundesministerium für Bildung und Forschung – und die Länder als Grundfinanzierung bei, damit unsere Institute schon heute Problemlösungen entwickeln können, die in einigen Jahren für Wirtschaft und Gesellschaft entscheidend werden.

Mit dieser grundfinanzierten Vorlaufforschung stärken wir unsere wissenschaftlichen Kompetenzen, reduzieren Entwicklungsrisiken, verkürzen den Faktor »Time-to-Market« und erschließen neues technologisches Potenzial für Unternehmen. Zwei Drittel unseres jährlichen Haushalts erwirtschaften wir mit Einnahmen aus der Wirtschaft und im Wettbewerb eingeworbenen öffentlich finanzierten Forschungsprojekten.

Daraus ergibt sich, dass für jedes Fraunhofer-Institut die Einnahmen aus der Wirtschaft und die Einnahmen aus den öffentlich finanzierten Forschungsprogrammen in einem ausgewogenen Verhältnis stehen sollen. Dafür ist ein klares Profil mit Alleinstellungsmerkmalen zu erarbeiten und zu sichern, um am Markt für Kundinnen und Kunden sichtbar zu sein.

Das Fraunhofer IMW konnte sich vor diesem Hintergrund nicht nachhaltig so aufstellen, dass es sich im adressierten Feld der Innovationsforschung mit einem eindeutig abgegrenzten Profil innerhalb des erläuterten Fraunhofer-Modells bewegt.
- Wie schneiden andere Fraunhofer-Institute im Vergleich ab? Sind die Herausforderungen, denen sich das Fraunhofer IMW gegenüber sieht, einzigartig oder gibt es andere Institute, die ähnliche Probleme haben oder hatten? Wie wurden diese Probleme dort gelöst?

Siehe oben.
- Welche konkreten „Sonderkonditionen" wurden dem IMW gewährt, und wie haben diese zu seinem Erfolg oder Misserfolg beigetragen?

Siehe oben
- Wie reagieren lokale politische Akteure und die Universität Leipzig auf diese Entscheidung?

Wir stehen in engem Kontakt und Austausch sowohl mit den beteiligten politischen Akteuren als auch mit der Universität. Für unsere Partner können wir uns nicht äußern.

Hinweis: https://www.uni-leipzig.de/newsdetail/artikel/aus-fuer-fraunhofer-imw-mitnichten-eine-entscheidung-gegen-den-wissenschaftsstandort-2024-04-19

- Welche Rolle spielt das Sächsische Staatsministerium für Wissenschaft, Kultur und Tourismus in dieser Entscheidung? Ist deren Unterstützung bedingungslos, oder gibt es politische Zwänge oder Abmachungen, die hier eine Rolle spielen?

Wie in unserer letzten Antwort mitgeteilt, verfolgen wir das klare Ziel den Standort Leipzig im Bereich der Innovationsforschung zu stärken und so vielen Mitarbeitenden des IMW eine langfristige und zukunftssichere Perspektive zu eröffnen.

Hierfür arbeiten wir auch eng mit dem Sächsischen Staatsministerium für Wissenschaft, Kultur und Tourismus zusammen und stehen in engem Austausch. Aktuell werden auch im Schulterschluss mit dem SMWK Anschlussperspektiven für die von der Teilbetriebsschließung betroffenen Einheiten sondiert.

- Wie soll die „Stärken stärken"-Strategie konkret umgesetzt werden? Was sind die geplanten Maßnahmen und wie werden diese finanziert?

Ziel ist ein sichtbarer Standort mit klarem Zuschnitt und starker regionaler Vernetzung. Wir sind zuversichtlich, dass wir den anstehenden Change-Prozess gemeinsam erfolgreich durchführen werden.
Die Story ist noch nicht beendet.

Werde noch andere Quellen anzapfen. Bericht folgt. Für eine Forschungsorganisation, die in beträchtlicher Höhe Steuergelder bekommt, kann man so nicht operieren.

# Kapitel 13

## Das deutsche Management hat die falschen Denktraditionen: Mehr Hannah Arendt wagen

Die Philosophin und politische Theoretikerin Hannah Arendt war in ihrer Präsenz eine Meisterin der Kombinatorik. Sie wusste, dass der Dreiklang von gedrucktem Text, Radio und Fernsehen die Nachhaltigkeit ihrer Botschaft sicherte. Sie nutzte die unterschiedlichen medialen Spielformen als Gelegenheit, ihre Überlegungen zu variieren. „Die Medien gaben ihr die Möglichkeit, verschiedene Perspektiven einzunehmen, die Sehepunkte zu ändern. Dinge, die im wahrsten Sinne des Wortes nicht in die Bücher oder Artikel passten, hatten noch immer dankbare Abnehmer bei den Radiostationen oder umgekehrt", schreibt Thomas Meyer in seiner vorzüglichen Arendt-Biografie, erschienen bei Piper. Zuweilen ging es darum, dass das von Arendt gewählte Thema Prominenz bekam. „So war es etwa im Falle Walter Benjamins, der selbst sehr viel über Medien und die Veränderung des Denkens nachgedacht hatte. Sie schrieb eine lange Einleitung in eine Werkauswahl, hielt einen von Radio und Fernsehen übertragenen Vortrag über ihn im New Yorker Goethehaus und veröffentlichte eine Variation dieser Überlegungen in der Zeitschrift Merkur", erläutert Meyer in dem Kapitel Dreiklangdimensionen.

Arendt war nicht nur eine der ersten Medienintellektuellen, sondern ein Medienprofi. Sie verfügte weltweit über ein sehr gut informiertes Netz von Freundinnen, Freunden und Bekannten, die mit ihr und für sie den Markt beobachteten. Das reichte bis zur Höhe von Honoraren, Tantiemen und Resonanz auf das publizierte Œuvre. Erfolge verkaufte

Arendt immer als Erfolg der Publikationsorgane und Verlagsmitarbeiter. Zudem war die Philosophin und Publizistin schnell erreichbar, formulierte zugespitzte Thesen, sprach druckreif und man erhielt direkt zitierfähige Antworten. Das Schöne für Medien war der unverwechselbare Arendt-Sound, der sich nicht nur über Radio und Fernsehen, sondern auch in Printbeiträgen vermitteln ließ. Kein überheblicher Ordinarienton, kein Aburteilungsgestus, wie er heutzutage inflationär im Social Web zur Schau gestellt wird, sondern nachdenkliche und kluge Analysen.

„Arendts Aufstieg in den amerikanischen intellektuellen Zirkeln hatte mit ihrer Fähigkeit zu tun, die Situationen ergriffen zu haben, die sich ihr boten. Zufälle ebenso anzuerkennen und zu nutzen wie die Möglichkeiten, die sich durch ihre Arbeiten ergaben", so Meyer. Ihre öffentliche Anerkennung erhöhte sich mit jedem Artikel, jedem Buch, jeder Zeile, die über sie geschrieben wurde.

Ihre Wirkmächtigkeit drückte der Politikwissenschaftler Dolf Sternberger sehr gut aus: „Sie war zu kühn, um weise zu sein." Im „kleinen Eckladen des Denkens", den sie „querab von der Zeit" betrieb, wie sie mit Vorliebe sagte, war sie glücklich über jeden Beistand, der ihr zuteil wurde, doch mußte er aus der Freiheit des Urteilens kommen: „Wo von geistigen Lagern die Rede ist, herrscht meistens der Ungeist", sagte sie.

Sie sei weder links noch rechts, weder liberal noch prinzipienstreng und glaube nicht einmal an irgendeinen Fortschritt – sei es in der Moral, sei es im Blick auf die gesellschaftlichen Verhältnisse. Selbst Theorien seien häufig nur pompöse Masken für dürre Köpfe, die auf dem intellektuellen Karneval herumspringen.

Nicht wenige hielten sie für unberechenbar, und ein gemeinsamer Freund äußerte bei Gelegenheit, sie sei für eine Philosophin allzu launisch. Eine Replik, die auch der Autor dieser Kolumne ab und an von Persönlichkeiten aufgetischt bekommt, die sich allzu wichtig nehmen. Ihren intellektuellen Einfluss könnten wir heute gut gebrauchen, in der Politik, in der Gesellschaft und in der Wirtschaft.

Wolf Lotter sieht mit Blick auf Arendt die Notwendigkeit einer permanenten Inventur.
Diese Inventur muss deshalb erst einmal die Kultur in den Blick nehmen, ganz so, wie es Arendt in ihrer „Vita Activa" aus dem Jahr 1958 tat: Der Arbeitsgesellschaft, so prophezeite sie darin, werde die Arbeit ausgehen, und damit die einzige Tätigkeit, auf die sie sich noch versteht. „Die Folgen sind immer deutlicher spürbar. Wer heute den Fachkräftemangel beklagt, hat nicht verstanden, was diesen Mangel neben dünnen Geburtsjahrgängen noch auslöst: dass immer weniger eine schwere, monotone Routinearbeit machen wollen. Die Wissensgesellschaft braucht ein anderes Konzept von Organisationen, von Kultur, Arbeit und Leistung, von Innovation und Fortschritt, Politik, Teilhabe und Selbstbestimmung als bisher. Begriffe, die wir sorglos benutzen und die für uns ganz normal sind, müssen neu definiert werden. Damit haben wir noch nicht einmal ansatzweise begonnen. Dafür ist es wichtig, klar, nüchtern und pragmatisch vorzugehen. Es ist wichtig, auch empirisches Wissen dort zu sammeln, wo es um Diversität geht. Denn noch wird die – man kann es nicht oft genug sagen – durch die Brille derer gesehen, die Wissensgesellschaft und selbstbestimmte Arbeit ablehnen oder zumindest nicht verstehen. Aus deren Perspektive wirken alle anderen und alles andere als gestört", schreibt Wolf Lotter in seinem neuen Opus „Die Gestörten.

Er verweist auf Jule Jankowski, die zu Beginn der Coronapandemie eine bemerkenswerte Podcast-Serie startete: Good Work, gute Arbeit.

„Und das ist für sie im Wesentlichen selbstbestimmte Arbeit, die ein selbstbestimmtes Leben möglich macht. Das ist ein Programm für die Zukunft einer Gesellschaft, in der Arbeit echte Probleme löst und keine Lösungen von der Stange anbietet, die zu nichts anderem führen als zu einem Mehr vom Gleichen. Es geht nicht um eine weitere Stufe in der vom Industrialismus angeheizten Konsumgesellschaft, es geht um eine Welt, in der Arbeit wieder das hat, wonach so viele heute suchen: Sinn. Und damit ist nicht jener wohlfeile Purpose gemeint, den uns Coaches und Lebenshelfer verticken wollen, sondern tatsächlich jener Sinn, den, wie Hannah Arendt schreibt, ein ‚tätiges Leben stiftet'. Die Gestörten haben sie, ihre Vita Activa. Und es wird Zeit, dass sie ihr Recht verlangen. Denn hier wird eine Unter-Ordnung konserviert, die nicht schützenswert ist und aus der sich viele nicht befreien können, weil sie nicht gelernt haben, wie das geht", schreibt Lotter. Gute Arbeit sei der alten Gesellschaft zu kompliziert, zu irritierend.

„Was die Gestörten wollen, das widerspricht den festen Traditionen des Chefseins, des Control and Command, das der Managementtheoretiker Henri Fayol entwickelte und das bis heute als Fundament vieler Managementideen fortlebt. Fayol fasst in 14 ‚Prinzipien des Managements' zusammen, was in der Führung großer Organisationen unerlässlich ist. Es ist das Evangelium der Gehemmten, in dem es ausschließlich um die Wahrung des Ist-Zustands geht. Für jede Innovation, jede schöpferische Zerstörung ist dieses System völlig ungeeignet, es ist geradezu der Todfeind jeder Erneuerung", formuliert Lotter.

Das sei kein Zufall: Fayol schrieb seine Prinzipien im Ersten Weltkrieg, 1916. Die Gehemmten, die dabei herauskommen, seien also, wenigstens als Teil des Managements, nicht nur einfach arme, unkreative Trottel, sondern eine echte Bedrohung eines offenen und demokratischen Menschenbildes.

„Gerade in Deutschland sollte man das aufgrund einschlägiger Erfahrungen gelernt haben. Der Prototyp des Massenmörders ist nicht der leicht erkennbare Schlächter, sondern der harmlos wirkende Schreibtischtäter, der, der die Befehle ausführt und weiterträgt – Hannah Arendts Analyse trifft eben nicht nur auf den ‚Endlösungs-Bürokraten' Adolf Eichmann zu, sondern auf Millionen seiner Gesinnungsgenossen. Wie die wurden, was sie sind, muss man wissen wollen, um zu verstehen, was die Gestörten gerade nicht reproduzieren dürfen, wenn sie menschengerechtere, innovativere und leistungsfähigere Organisationen als heute schaffen wollen", führt Lotter aus.

Denn nur so sei es zu schaffen, was salopp gern eine bessere Welt genannt wird, in der es nicht um Kommando und Kontrolle geht, sondern um Eigenverantwortung, Neugierde und jener Selbstwirksamkeit, die jede und jeden sagen lässt: Wir schaffen das auch ohne Befehl, Kommando, Druck und Gewalt.

Das im deutschen Management ein Hang zu Befehl und Gehorsam existiert, liegt wohl auch an einem Mann der SS: Reinhard Höhn. Von 1939 bis 1945 amtierte er als Direktor des Instituts für Staatsforschung an der Friedrich-Wilhelms-Universität Berlin, von 1941 bis 1944 war er Herausgeber der Zeitschrift „Reich – Volksordnung – Lebensraum", des geopolitischen Grundlagenorgans der SS.
Nach dem Krieg taucht der SS-Vordenker mit gefälschten Papieren für ein paar Jahre ab und schlägt sich als Naturheilpraktiker durch, doch bereits ab 1950 kann er wieder unter seinem richtigen Namen auftreten.

„1953 wird der Verwaltungsjurist zum Direktor der Deutschen Volkswirtschaftlichen Gesellschaft, eines von der Industrie finanzierten Thinktanks, in den ihn ein Netzwerk ehemaliger SS-Kader kooptiert hat. 1956 schliesslich übernimmt er die Leitung der frisch gegründeten ‚Akademie für Führungskräfte' in Bad Harzburg. Die Akademie, die nach dem Vorbild der Harvard Business School konzipiert ist, wird zur bedeutendsten deutschen Kaderbildungsstätte der 50er- und 60er-Jahre. Das von Höhn geschaffene sogenannte ‚Harzburger Modell' entwickelt sich zum wichtigsten deutschen Managementsystem der Wirtschaftswunderjahre", schreibt das Schweizer Magazin Republik.

Bis ins Jahr 2000 – das Todesjahr von Höhn – durchlaufen rund 600.000 Führungskräfte die Fortbildungskurse der

Akademie, von BMW über Opel, Bayer, Aldi bis Thyssen und Krupp entsenden unzählige deutsche Konzerne ihre Kader nach Bad Harzburg. Dass Reinhard Höhn einst eine hohe Stellung im Sicherheitsdienst der SS innehatte und den Krieg im Rang eines SS-Generals beendete, wussten all jene in der Bundeswehr und in der Privatwirtschaft, die ihre Führungskräfte zur Fortbildung nach Bad Harzburg schickten. Dort lehrten zwei weitere ehemals hohe SS-Funktionäre, Justus Beyer und der auf Marketing umgeschulte Professor Franz Alfred Six, sowie ein einstiger NS-Arzt, der fanatische Eugeniker und Rassist Professor Kötschau, der nunmehr die erschöpften Führungskräfte mit diätetischen und ergonomischen Ratschlägen umsorgte. Nachzulesen im Buch von Johann Chapoutot „Gehorsam macht frei: Eine kurze Geschichte des Managements - von Hitler bis heute". Wir sollten mehr Hannah Arendt wagen.

# Kapitel 14

## Wir sollten das industrielle Metaverse erobern: Die werbefinanzierte Avatar-Spielecke bekommt Zuckerberg

Warum sich das Metaverse am Ende doch durchsetzt, aber wenig mit Mark Zuckerberg zu tun hat? Diese Frage klingt wenig spektakulär, könnte aber entscheidend sein für die Zukunftsfähigkeit der Volkswirtschaft in Deutschland. Tech-Blogger Sascha Pallenberg weist dabei den Weg: „Der CEO von Siemens, Roland Busch, hielt während der CES-Keynote eine beeindruckende Rede. Er präsentierte das Konzept des 'Industrial Metaverse', das auch aus Deutschland kommen soll und verschiedene Anwendungsbereiche bietet. Das Industrial Metaverse ist eine Weiterentwicklung des digitalen Zwillings, der die analoge und digitale Welt miteinander verbindet."

Jenseits von Avataren und irgendwelchen virtuellen Räumchen, in denen man von A nach B hopsen kann und sich auf digitalen Freilichtbühnen die gleichen dämlichen PowerPoint-Folien an den Kopf geknallt bekommen, wie bei jeder x-beliebigen Konferenz, skizziert der Siemens-Chef die nützliche Seite des Metaverse. Es geht um Innovationen im industriellen Maßstab. Der digitale Zwilling ist dabei ein zentraler Bestandteil des industriellen Metaversums. Er ist keine einfache 3D-Darstellung, sondern eine physikalisch basierte Simulation. Mit dem digitalen Zwilling können wir komplexe Systeme wie Flugzeuge, Stromnetze und Fabriken simulieren und optimieren. Dadurch können wir Probleme frühzeitig erkennen und Lösungen entwickeln, bevor ein physisches Produkt hergestellt wird.

Die softwaredefinierte Automatisierung ist ein weiterer wichtiger Baustein des industriellen Metaversums. Sie ermöglicht es uns, Fabriken nachhaltiger zu machen. Durch den Einsatz von softwaredefinierten Automatisierungssystemen können wir Produktionsprozesse optimieren und Energie sparen.

Daten und KI sind entscheidend für das industrielle Metaverse. In hochautomatisierten Fabriken werden enorme Datenmengen generiert. Diese Daten werden mit Hilfe von Edge-Geräten und KI analysiert, um wichtige Muster zu erkennen und verwertbare Erkenntnisse zu gewinnen. Dadurch können Unternehmen in Echtzeit auf Veränderungen reagieren.

Wir sollten uns also nicht so sehr auf Mark Zuckerberg konzentrieren oder ein weiteres Second Life herbeisehnen, sondern unsere Kompetenzen auf dem Feld von Deep Tech verbessern. So sieht es auch Markus Herkersdorf von der Firma TriCAT.

Er stellte auf der Fachmesse Zukunft Personal eine provokante These auf: Mit Ausnahme von Montage und Fertigung könnte jeder Bereich potenziell virtualisiert werden. Und er wird es auch, aus Gründen wie Zugänglichkeit, Skalierbarkeit, Kosten, Ressourcenschutz, Umweltschutz, Work-Life-Balance und New Work. Die externen Treiber sind so stark, dass es nur eine Frage der Zeit ist. Auch Hybridarbeit wird stark mit virtuell immersiven Umgebungen zu tun haben. Im industriellen Umfeld sehen wir die digitalen Zwillinge, mit denen gearbeitet wird. Selbst die Meisterausbildung kann virtuell ablaufen. Ein Projekt des Fraunhofer IAO in Stuttgart zeigte das schon vor einigen Jahren. , dass dies auch das industrielle Umfeld erfasst.

TriCAT hat Lösungen entwickelt, die Schulungen für Unternehmen weltweit virtualisieren. Physische Anlagen, die irgendwo auf der Welt stehen, werden in Echtzeit mit digitalen Zwillingen in einer virtuellen Umgebung verknüpft.

Die Kombination von Airbus-Wartung und Protokollierung bei technischen Überprüfungen ist ein weiteres Beispiel. Dies könnte eine enorme Kostenersparnis bedeuten. In einem Forschungsprojekt mit Biotech-Reaktoren wird die Ausbildung entlang des regulatorischen Prozesses an der Anlage VR-brillenbasiert durchgeführt.

Automatisierung durch digitale Technologien ist wahrscheinlich die einzige Möglichkeit, mit dem demografischen Wandel fertig zu werden. Selbst Robotik, KI und Einwanderung werden nicht ausreichen, um den Weggang der Boomer zu kompensieren. .
In wenigen Jahren werden wir in einer Welt leben, in der viel durch KI unterstützt wird. Entscheidungsfindung, Automatisierung – der Mensch wird nur noch orchestrieren. Um in dieser Welt als aktive Akteure bestehen zu können, müssen wir viel tun, insbesondere bei unseren Kompetenzen.

Wir müssen uns von wissenszentriertem Lernen in Schule, Hochschule und teilweise im Betrieb verabschieden und hin zu Umgebungen, in denen von Anfang an am Arbeitsplatz gehandelt werden muss. Virtuelle Umgebungen, in denen Kompetenzen am Arbeitsplatz im Arbeitsumfeld erlernt werden.

Marius Grathwohl vom Maschinenbauer Multivac mahnt zu mehr Selbstbewusstsein und Eigeninitiative in der deutschen Industrie und plädiert für die Entwicklung einer eigenständigen Agenda, die sich nicht nur an internationalen Vorbildern orientiert, sondern eigene Stärken und Potenziale in den Vordergrund stellt. Wichtig dabei sind Kooperationen und Ökosysteme, in denen Unternehmen nicht mehr isoliert agieren, sondern als Teil eines größeren Netzwerks. Die Avatare ohne Unterleib überlassen wir Meta, das industrielle Metaverse sollten die Hidden Champions in Deutschland erobern. Das kann der kleine Meta-Mark nicht so richtig gut. Der lebt fast zu 100 Prozent von Werbung. Alles andere sind hohle Marketing-Botschaften, die er mechanisch vom Teleprompter abliest.

# Kapitel 15

## Europas ökonomische Sicherheit:
## Mehr als nur eine Frage der Verteidigung

In einer Zeit, in der die globalen Wirtschaftsbeziehungen zunehmend von geopolitischen Spannungen und strategischen Abhängigkeiten geprägt sind, lieferte Professor Gabriel Felbermayr, Direktor des Österreichischen Instituts für Wirtschaftsforschung (WIFO), im vergangenen eine tiefgreifende Analyse der aktuellen Herausforderungen und Chancen in der internationalen Wirtschaftspolitik. Felbermayr argumentiert, dass die globalisierte Wirtschaft nicht ausschließlich durch die Brille der Vorteile des Freihandels betrachtet werden kann, wie es traditionell in der ökonomischen Theorie der Fall ist. Stattdessen fordert er eine Berücksichtigung der geoökonomischen Verflechtungen und der Möglichkeit, dass Staaten wirtschaftspolitische Instrumente einsetzen, um außenpolitische Ziele zu verfolgen.

Diese Perspektive erfordert ein Umdenken in der Wirtschaftsforschung und in der Wirtschaftspolitik, um die komplexen Beziehungen zwischen Handel, Macht und Sicherheit zu verstehen und zu gestalten. Man erkennt es an den Wirtschaftskriegen der vergangenen Jahre. Schon US-Präsident George W. Bush jr. erließ 3484 Sanktionen gegen Firmen, Einzelpersonen, Nationen und Organisation in acht Jahren. Donald Trump brachte zwischen 2017 und 2020 rund 3900 Sanktionen gegen den gleichen Personenkreis auf den Weg.

Das waren vier Sanktionen pro Werktag. Mit der Amtsübernahme durch Joe Biden hat sich das Tempo enorm erhöht. Heute betreiben die USA aus dem Finanzministerium heraus 70 unterschiedliche Sanktionsprogramme, die 9000 Nationen, Einzelpersonen, Staaten und Organisationen betreffen. Agathe Demarais spricht in ihrem Buch „Backfire" vom „Sanction Overkill": „Der Konflikt zwischen Amerika und China ist ein Konflikt um die wirtschaftliche Vorherrschaft zwischen einer etablierten wirtschaftlichen Supermacht und ihrem aufstrebenden Herausforderer. Es überrascht nicht, dass die Vereinigten Staaten in diesem Wirtschaftskrieg alle Formen des wirtschaftlichen Zwangs einsetzen wollen", schreibt Demarais.

Die US-Sanktionen gegen China haben nach ihren Berechnungen direkte Auswirkungen auf den Lebensunterhalt von fast 2 Milliarden Amerikanern und Chinesen; wenn Zölle verhängt werden, zahlen fast immer die Verbraucher die Rechnung.

Vor diesem Hintergrund ist es geboten, in Europa Überlegungen für eine ökonomische Sicherheitspolitik anzustellen. Das sagte Dr. Christian Growitsch, Institutsleiter des Fraunhofer-Zentrums für Internationales Management und Wissensökonomie IMW, mit Blick auf die Münchner Sicherheitskonferenz.

Die Debatte um Europas ökonomische Sicherheit ist nicht neu, doch die aktuellen globalen Herausforderungen – von der Pandemie bis zum Krieg in der Ukraine – haben die Dringlichkeit einer umfassenden Strategie unterstrichen. Es geht dabei nicht allein um die Sicherung von Handelsrouten oder die Verringerung der Abhängigkeit von kritischen Rohstoffen, sondern auch um die Förderung innovativer Lösungen und die Stärkung der technologischen Souveränität Europas.

Growitsch betont die Notwendigkeit, die verschiedenen Dimensionen ökonomischer Sicherheit – von der Rohstoffversorgung über die technologische Souveränität bis hin zur Kreislaufwirtschaft – im Ganzen zu betrachten. Dabei spielt der Staat eine zentrale Rolle, sowohl als Sicherer dieser Bereiche als auch als Förderer von Zukunftstechnologien und Bildung. Diese Investitionspolitik ist entscheidend, um die Grundlagen für eine resiliente und nachhaltige europäische Wirtschaft zu schaffen. Dabei ist ein Aspekt relevant, den die Ökonomin Mariana Mazzucato gegenüber der Frankfurter Allgemeinen Sonntagszeitung äußerte: „Wenn wir die großen Probleme unserer Zeit lösen wollen, brauchen wir fähige Unternehmen, die mit fähigen Regierungen arbeiten, und zwar lokal, national und global."

Wirtschaftspolitik als Staatskunst muss sich mit der Innovationskompetenz der Wirtschaft verbinden. Ein wesentlicher Punkt ist dabei die strategische Bedeutung von Deep Tech und die Notwendigkeit, bestehende Stärken in Forschung und Entwicklung zu nutzen, um Europas Position in der globalen Technologielandschaft zu stärken. Die Zusammenarbeit und der Wissenstransfer zwischen Forschungseinrichtungen und der Wirtschaft sind dabei Schlüssel zur Beschleunigung der Technologie-Kommerzialisierung.

Das Interview mit Growitsch unterstreicht die Komplexität der Herausforderungen und Chancen, die sich im Kontext der ökonomischen Sicherheitspolitik ergeben. Es wird deutlich, dass kooperativer Ansatz erforderlich ist, um Europas ökonomische Resilienz und technologische Souveränität in einer sich schnell verändernden Welt zu sichern.

Die europäische ökonomische Sicherheitspolitik steht somit vor einer doppelten Aufgabe: Sie muss nicht nur die unmittelbaren Bedrohungen adressieren, sondern auch die Weichen für die Zukunft stellen. Dabei geht es um mehr als die bloße Verteidigung gegen äußere Risiken. Es geht darum, die Innovationskraft zu stärken, die Wettbewerbsfähigkeit zu sichern und letztlich die Lebensqualität der Bürgerinnen und Bürger Europas zu erhöhen.

Diese Herausforderungen erfordern einen langfristigen, strategischen Ansatz, der über die Tagespolitik hinausgeht. Es bedarf einer Vision für Europa, die auf Solidarität, Innovation und Nachhaltigkeit basiert. Nur so kann die ökonomische Sicherheit Europas in einer unsicheren Welt gewährleistet und gestärkt werden.

Das Fraunhofer IMW hatte doch in vielen Belangen den richtigen Riecher. Die Abwicklung des Instituts kann ich nicht nachvollziehen.

# Kapitel 16

## Deutschlands Weg in die Zukunft aus Sicht der Expertenkommission Forschung und Innovation (EFI)

Im Zentrum der Pressekonferenz der Expertenkommission Forschung und Innovation (EFI) stand das jüngste Gutachten, das eine transformative Forschungs- und Innovationspolitik für Deutschland fordert. In Zeiten, in denen der Umbau der Wirtschaft und Gesellschaft hin zu Schlüsseltechnologien und Nachhaltigkeit unausweichlich erscheint, rückt die Frage, wie dieser Wandel gesteuert werden kann, zunehmend in den Fokus der Politik. Die EFI-Mitglieder präsentierten ihre Analysen und Empfehlungen, um Deutschland für die Herausforderungen der Zukunft zu rüsten.

Der Weg hin zu einer nachhaltigen und technologisch führenden Gesellschaft ist kein Selbstläufer. Innovationen, sowohl technologischer als auch sozialer Natur, stehen im Zentrum dieses Wandels. Der damit einhergehende Strukturwandel birgt Chancen, schafft aber auch Verlierer. Die Politik ist gefordert, diesen Prozess nicht nur zu begleiten, sondern aktiv zu gestalten und soziale Kompensationen von vornherein mitzudenken. Eine solche Herangehensweise erfordert langfristiges Denken über Legislaturperioden hinweg und eine Politik, die experimentell nach den besten Lösungswegen sucht.

Die EFI sieht konkurrierende Großprojekte und innenpolitische Spannungen als potenzielle Stolpersteine auf dem Weg zu einer erfolgreichen Transformationspolitik. Langfristige Ziele dürfen nicht den kurzfristigen Maßnahmen zum Opfer fallen. Eine kohärente und mit einem klaren

Narrativ versehene transformative Innovationspolitik könnte mehr private Investitionen stimulieren und ein Leitbild für die Zukunft bieten. Dazu gehören auch Maßnahmen zur sozialen Kompensation und eine intelligente Anpassung der finanziellen Förderung an die Bedürfnisse von KMUs. Wie das gelingen kann, schilderte Benjamin Springub von der Telekom auf dem Zukunftstag des Bundesverbandes mittelständische Wirtschaft in Berlin. Credo: Fördermittel sind keine Almosen.

Besondere Aufmerksamkeit widmet die EFI der Künstlichen Intelligenz (KI) und einer nachhaltigen Landwirtschaft. Deutschland und die EU müssen in der Entwicklung von KI-Technologien zwar internationalen Großmächten wie den USA und China hinterherhinken, könnten aber durch die Förderung von KI-Innovationsökosystemen und die Nutzung offener Quellen (Open Source) eigene Akzente setzen. Wie das zusammenpasst mit den chinesischen Supercomputern, die in deutschen Hochschulen zum Einsatz kommen, konnten die EFI-Wissenschaftler auf Nachfragen nicht sehr überzeugend beantworten.

Die beiden Supercomputer Alex und Fritz am Zentrum für Nationales Hochleistungsrechnen (NHR@FAU) der Friedrich-Alexander-Universität Erlangen-Nürnberg (FAU) gehören laut den internationalen Rankings zu den schnellsten und energieeffizientesten Rechnern: Anwendungsfelder, die vom Einsatz des Systems bereits profitieren, sind etwa Molekulardynamik-Simulationen bei der mRNA-Impfstoff-Forschung, Untersuchungen zur Wirkungsweise von Enzymen bei der DNA-Reparatur sowie Anwendungen im Maschinellen Lernen, beispielsweise zur Gestenerkennung. Hersteller ist die Firma Inspur aus China. Den Vorstandschef konnte der Autor der

Innovationskolumne in Hamburg interviewen. Sowohl die deutschen Hoschulverantwortlichen als auch die chinesischen Topmanager äußerten sich euphorisch über die Kooperation.

In der Landwirtschaft bieten nach Analysen der EFI digitale und gentechnische Innovationen das Potenzial, die Produktion nachhaltiger und klimafreundlicher zu gestalten, wobei die Politik durch gezielte Anreize und Förderungen unterstützend eingreifen sollte. EFI brachte zudem eine Erhöhung der Kosten für Düngemittel und Pestizide ins Spiel - durch höhere Abgaben. Typisch deutsches Denken. In den USA werden 800 Milliarden Dollar in die Volkswirtschaft via Inflation Reduction Act reingesteckt über Steuergutschriften für nachhaltige Innovationen. Das bietet direkt Anreize für eine ökologische Wende.

Interessanterweise hat sich die Attraktivität Deutschlands als Wissenschafts- und Innovationsstandort in den vergangenen Jahren verbessert, was sich unter anderem in einer Nettozuwanderung von Forschenden widerspiegelt. Dennoch sieht die EFI weiterhin Handlungsbedarf bei der Verbesserung der Rahmenbedingungen für internationale Mobilität, der Förderung der Exzellenz im Wissenschaftssystem und der Sicherung des Humankapitals.

Das Gutachten der EFI stellt einen Weckruf für die Politik dar, den notwendigen Transformationsprozess aktiv zu gestalten und dabei sowohl technologische als auch soziale Innovationen gleichermaßen zu fördern. Es gilt, ein Zukunftsbild zu entwerfen, das Deutschland als lebenswerten, nachhaltigen und technologisch führenden Standort sichert. Nur durch das Zusammenwirken von

Politik, Wirtschaft und Gesellschaft können die Herausforderungen der Zukunft gemeistert werden. Über Abgaben und autarke Ökosysteme für Innovationen sollten die Wissenschaftlerinnen und Wissenschaftler der Expertenkommission noch einmal nachdenken - spätestens im Jahresgutachten 2025.

# Kapitel 17

## Superheldenkraft für Innovationen

Hans Rusinek beschäftigt sich in seiner Forschungsarbeit intensiv mit den Mechanismen der Innovation und die Bedeutung von Zeit in der modernen Arbeitswelt. Seine Ansichten, geprägt durch seine Rolle als Praxistheoretiker und seine akademische Verwurzelung in der Philosophie und Ökonomie, zielen darauf ab, gängige Arbeitsroutinen zu hinterfragen und neue Denkansätze für die Herausforderungen der Wissensökonomie zu liefern.

https://www.youtube.com/live/CcZsaH6U2h0?si=kZS4cfTuPXwIRO4m

Rusinek hebt im Zukunft-Personal-Nachgefragt-Talk hervor, dass echte Innovationen oft mehr Zeit beanspruchen, als es der erste Blick vermuten lässt.

Startups, so erklärt er, erscheinen zwar oft als Inbegriff der Schnelligkeit und Agilität, doch ihr wahrer Vorteil liegt nicht in der Hektik, sondern in ihrer Fähigkeit, sich fokussiert einer Sache zu widmen.

Finanziert durch Venture Capital, können sich Startups den Luxus erlauben, sich von unmittelbarem Marktdruck zu distanzieren und sich auf langfristige Ziele zu konzentrieren.

Diese „Superheldenkraft" der Startups steht im Kontrast zu etablierten Unternehmen, die unter dem Druck stehen, schnell auf Marktveränderungen zu reagieren und dabei oft kurzfristige Entscheidungen treffen, die langfristig nicht nachhaltig sind.

„Ich habe mich immer gefragt, wie es sein konnte, dass manche Durchbrüche an verschiedenen Orten fast gleichzeitig erfunden wurden: das Telefon, das Periodensystem, das Automobil", schreibt Rusinek in seinem Buch „Work-Suvive-Balance".

Antworten fand er im Opus von Lisa Herzog, „Die Rettung der Arbeit". „Arbeit läuft über Jahrzehnte ruhig und kollaborativ ab, in Konferenzen, in Fachgruppen, Forschungsabteilungen, in der Lektüre der gleichen Studien, bis dann die Grenze zu einem neuen Durchbruch erreicht wird, der geistige und infrastrukturelle Entwicklungsstandard gegeben ist. Bis die Erfindung in der Luft liegt. Wer Erfindungen für den explosiven Einfall eines Genies hält, übersieht die stillen Vorarbeiten, das Zusammenwirken vieler kleiner, scheinbar unbedeutender Entdeckungen und Menschen. Oder anders gesagt: Wenn Mark Zuckerberg Facebook nicht erfunden hätte, hätte es jemand anderes getan. Wenn Carl Benz nicht das Auto erfunden hätte, hätte es jemand anderes getan. Wenn Charles Darwin nicht die Evolution entdeckt hätte, hätte es jemand anderes getan. Das soll diese Menschen nicht abwerten, sondern darauf hinweisen, dass ihre ‚Erfindungen' keine genialen Einzelleistungen sind", erläutert Rusinek.

Genial sei ist ein Adjektiv für Wissen, Erfindungen, Einfälle, aber kein Adjektiv für Personen. Auch Thomas A. Edison, der Prototyp des einsamen Tüftelgenies, verfügte über ein Team, genannt „die schlaflose Crew", die Tag und Nacht systematisch arbeitete und eine eigene Spezialbibliothek hatte.

Die Genieverehrung verstehe nicht, dass Arbeit vor allem Zusammenarbeit ist. Und die von den Hippies inspirierte Begriffswelt der selbstbezogenen Sinnsuche führe zu Spaltung.

„Deren Ichbezogenheit schadet den sozialen Ressourcen, schadet Teams und Kolleginnen, auf die wir angewiesen sind. Die Selbstbeweihräucherung, die Suche nach Full Self, New Journeys, purer Authentizität und Inner Transformation, mit der wir durch die Arbeit stolzieren, macht die Arbeitswelt immer mehr zu einem Schauspiel", kommentiert Rusinek.

Ein zentrales Element von Rusineks Philosophie ist das Konzept der „16. Sekunde" – ein Zeitraum, den das Gehirn als Gegenwart interpretiert und der als symbolischer Moment für die Möglichkeit steht, gewohnte Muster zu durchbrechen und neue Wege zu beschreiten. Er argumentiert, dass viele Arbeitspraktiken, die wir als selbstverständlich betrachten, tatsächlich veraltet und ineffektiv sind, besonders in einer Zeit, in der kognitive und kreative Fähigkeiten über den Erfolg in der Wissensökonomie entscheiden.

Rusinek kritisiert die Ausbildung und Führungskultur in Unternehmen. Er sagt, dass ökonomische Bildung oft zu einem Rückgang der Kooperationsfähigkeit und Altruismus führt, und fordert eine Neuorientierung der Ausbildung, die stärker auf interdisziplinäres Zusammenwirken setzt. Etablierte Unternehmen sollten lernen, die langfristigen Vorteile von Investitionen in die Mitarbeiterentwicklung und

innovative Denkweisen zu erkennen, anstatt ausschließlich kurzfristige finanzielle Erträge zu maximieren.
Zukunftsarbeit als partizipative Aufgabe

Für Rusinek ist die Gestaltung der Zukunft eine partizipative Aufgabe, die jeden Einzelnen betrifft. Er fordert dazu auf, aktiv an der Gestaltung der Arbeitsumgebung teilzunehmen, um sicherzustellen, dass die Zukunft der Arbeit nicht nur von großen Tech-Konzernen oder anderen mächtigen Akteuren geformt wird. Er sieht in der bewussten Auseinandersetzung mit den eigenen Arbeitspraktiken und der Bereitschaft, etablierte Normen in Frage zu stellen, den Schlüssel zu einer humaneren und gerechteren Arbeitswelt. In der Community der Fachmesse Zukunft Personal will er die HR-Verantwortlichen für seine Sichtweise begeistern. Auch die Bundesagentur für Sprunginnovationen und Bundeswirtschaftsminister Robert Habeck sollten sich mit der Wirtschaftsphilosophie von Rusinek auseinandersetzen.

# Kapitel 18

## Experiment und Spektakel:
### Die theatralische Projektemacherei in der barocken Wissenschaft - Blaupause für moderne Innovationspolitik

In der wissenschaftlichen Innovation steht oft nicht nur der reine Erkenntnisgewinn im Fokus, sondern auch das spektakuläre, fast theatrale Element der Präsentation von Wissen. Zumindest in früheren Zeiten. Dieser Aspekt, tief verwurzelt in der barocken Ära, bildet den Kern der Überlegungen von Professorin Anita Traninger in ihrer Vorlesung an der FU-Berlin, die sich an Jan Lazardzigs Studien zu den theatralischen Praktiken des 17. Jahrhunderts anlehnt.
https://www.fu-berlin.de/sites/dhc/videothek/Videothek/904-Livestream-RV-Was-kommt-1/index.html

Lazardzigs „Masque der Possibilität" liefert eine fundierte Analyse des Zusammenhangs zwischen dem Experimentellen und dem Spektakulären in der frühen modernen Wissenschaft.

Die barocke Zeit war eine Epoche, in der sich die Wissenschaften nicht nur konzeptionell, sondern auch institutionell neu formierten. Dieser Umbruch war geprägt von einer intensiven Projektemacherei, die wissenschaftliche Unternehmungen mit einer starken Inszenierungskomponente verband.

Der Projektemacher dieser Zeit agierte als ein Magus oder Alchemist, dessen Auftritte oft den Charakter von öffentlichen Spektakeln annahmen. Diese Form der Wissenschaftspräsentation ging Hand in Hand mit einer gesteigerten Theatralisierung des Wissens, bei der die Darstellung selbst zum integralen Bestandteil der wissenschaftlichen Praxis wurde.

Die spektakuläre Form, die im 17. Jahrhundert als neu und innovativ galt, steht im deutlichen Kontrast zu den heutigen, eher nüchternen und strukturierten wissenschaftlichen Ansätzen. Lazardzigs zeigt, wie die barocken Wissenschaftler ihre Projekte nicht nur als pragmatische Lösungen, sondern als grandiose Vorhaben inszenierten, die häufig mit einer Aura des Wunderbaren umgeben waren. Diese Projekte waren nicht nur wissenschaftliche Unternehmungen, sondern auch kulturelle Ereignisse, die das Publikum in Erstaunen versetzen und zur Reflexion über das Potenzial sowie die Reichweite menschlicher Erkenntnis anregen sollten.

Traninger setzt die barocken Ideen in Beziehung zur gegenwärtigen wissenschaftlichen Landschaft. Sie betrachtet, wie moderne Wissenschaften durch eine Rückbesinnung auf diese historischen Formen der Wissenspräsentation profitieren können, insbesondere in einer Zeit, in der interdisziplinäre Projekte wieder an Bedeutung gewinnen.

In einer Ära, in der die Wissenschaft zunehmend unter Druck steht, ihre Relevanz und ihren Nutzen zu beweisen, könnte ein Wiederaufleben der Theatralität und des Experimentellen möglicherweise neue Wege eröffnen, um komplexe wissenschaftliche Ideen einem breiteren Publikum zugänglich zu machen. Statt Steuergelder in lahme Transfermaschinerien zu pumpen, sollte sich die staatliche Innovationspolitik an dem schillernden Entwurf einer Spektakel-Akademie von Gottfried Wilhelm Leibniz ein Beispiel nehmen.

„Engagiert werden sollten für diese kunst- und wunderkammerhafte Einrichtung Maler, Bildhauer, Zimmerleute, Uhrenmacher und ferner Mathematiker, Ingenieure, Architekten, Gaukler, Scharlatane, Musiker, Dichter, Buchhändler, Schriftsetzer und Stecher. Die in größter Dichte aufgelisteten Repräsentationen und Einrichtungen, die in dieser Akademie zusammengefasst werden sollten, umfassen Komödien, Naumachien, Rossballette, Feuerwerke, Laterna magica-Vorführungen, Lotterien und Glücksspiele, anatomische Demonstrationen, Automaten- und Maschinen-Aufführungen wie auch öffentliche Experimente, Kunst- und Raritätenkabinette, außerdem ein Registrierbüro für Erfindungen, Galerien, Sportstätten und einen Heilkräutergarten", so Lazardzig. Nachzulesen in: Schramm, Helmar; Schwarte, Ludger; Lazardzig, Jan. Spektakuläre Experimente: Praktiken der Evidenzproduktion im 17. Jahrhundert (Theatrum Scientiarum 3), De Gruyter Verlag.

Leibniz verkörpert auf exemplarische Weise die Verschmelzung von theoretischem Forschungsdrang und praktischem Erfindungsgeist, die für die Barockzeit charakteristisch ist. Als Philosoph, Mathematiker, Jurist, und Diplomat hinterließ er ein erstaunlich breites und tiefes wissenschaftliches Erbe, das bis heute in zahlreichen Disziplinen nachwirkt. Sein Werk illustriert die komplexen Verflechtungen von Wissenschaft, Technik und Gesellschaft seiner Zeit und bietet damit einen aufschlussreichen Blick auf die barocke Projektemacherei.

Leibniz interessierte sich leidenschaftlich für die praktische Umsetzung wissenschaftlicher Erkenntnisse. Seine Arbeiten an Rechenmaschinen, die zu den ersten mechanischen Rechnern zählen, zeugen von seinem Bestreben, theoretisches Wissen für praktische Zwecke nutzbar zu machen. Darüber hinaus beschäftigte er sich mit Projekten zur Verbesserung des Bergbaus, zur Entwicklung von Windmühlen und sogar zur Reform des Rechtssystems. Diese Projekte waren nicht nur technologische Spielereien, sondern zielten darauf ab, gesellschaftliche Probleme anzugehen und zu einer Verbesserung der Lebensbedingungen beizutragen. In Leibniz manifestiert sich das Barockzeitalter als eine Ära, in der Wissenschaft nicht isoliert betrachtet wurde, sondern als integraler Bestandteil eines umfassenderen kulturellen und gesellschaftlichen Unterfangens. Davon ist die Innovationspolitik in Bund und Ländern meilenweit entfernt.

# Kapitel 19

## Ministerium für Entbürokratisierung als staatlicher Innovationsmotor

Im Interview beleuchtet der Hidden-Champion-Forscher Hermann Simon die komplexen Dynamiken der Handelsbeziehungen zwischen Deutschland und China sowie die Auswirkungen von Strafzöllen und Bürokratie auf die Wirtschaft. „Ich bin natürlich gegen Strafzölle und Handelsbeschränkungen, die dann zu Handelskriegen führen können." Er weist darauf hin, dass Strafzölle nicht nur die Exporte verteuern, sondern auch die Importkosten für Rohstoffe und Vorprodukte erhöhen, was letztlich die Wettbewerbsfähigkeit der heimischen Industrie schwächt. Diese Maßnahmen könnten zu einer Spaltung der globalen Handelsbeziehungen und zur Schaffung isolierter Märkte führen, ähnlich wie in der Vergangenheit bei japanischen und koreanischen Autos.

Amerikanische Unternehmen sehen die Situation in China unterschiedlich. Einige, wie Google und Facebook, dürfen dort nicht aktiv sein. Microsoft hingegen hat ein großes Geschäft in China, und Apple ist in zweifacher Hinsicht abhängig: als Produktionsstandort und als Absatzmarkt. Die meisten iPhones werden in der Foxconn-Fabrik in Zhengzhou hergestellt. China ist auch ein wichtiger Markt für Apple. Daher hat Apple eine andere Sichtweise als Firmen wie Facebook oder LinkedIn, die in China nicht tätig sein dürfen. In der Wirtschaft sind die Meinungen daher gespalten. In der amerikanischen Politik und Gesellschaft gibt es eine starke antichinesische Stimmung.

Seit 2008 erleben wir eine relative Deglobalisierung, die auch die Handelsbeziehungen beeinflusst. Dies könnte ein Grund sein, warum Deutschland seit 2008/2009 in den Wachstumsraten nicht so gut abschneidet.

„Unsere Exporte könnten 10 oder 20 Prozent höher sein, was unser Bruttoinlandsprodukt entsprechend steigern würde", weiß Simon.

Deutsche Firmen haben in den vergangenen Jahren enorme Kapazitäten im Ausland, insbesondere in China, aufgebaut. Über 8000 deutsche Firmen sind in China aktiv, und es gibt mehr als 2000 neu gebaute deutsche Fabriken dort. „Diese globale Präsenz ist eine unserer größten Stärken, ebenso wichtig wie unsere technologische Kompetenz. In den USA sind wir jedoch noch schwach aufgestellt. Die Priorität wird in den nächsten Jahren stark auf Direktinvestitionen in den USA liegen, auch aufgrund des Inflation Reduction Acts von Biden", sagt Simon.

Unternehmen sollten den besten Standort für jede Aktivität weltweit finden. Das kann radikale Konsequenzen haben, wie bei zwei Firmen in der Bergwerkstechnologie, die ihre gesamte Wertschöpfungskette nach China verlagert haben.

Ein anderer Hidden Champion baut sein Kompetenzzentrum für künstliche Intelligenz in China auf, da dort bessere Bedingungen herrschen. Chinesische Autozulieferer wollen nach Deutschland kommen, und im vergangen Jahr gab es 156 chinesische Investitionen allein in Nordrhein-Westfalen. Einige Firmen etablieren rechtlich unabhängige Holdings in verschiedenen Regionen, um flexibler zu agieren.

Der chinesisch-amerikanische Konflikt ist ein Damoklesschwert, das über Europa und Deutschland hängt.

„Wir müssen alles tun, um nicht zwischen die Fronten zu geraten. Ein Krieg um Taiwan ist unwahrscheinlich, aber niemand kann das sicher wissen. Dr. Benedikt Franke von der Münchner Sicherheitskonferenz sagte, seine größte Angst sei, dass wir China verlieren, wie wir Russland verloren haben. Konfrontation wirkt kontraproduktiv, und wir sollten versuchen, Konfliktpotenziale zu dämpfen", empfiehlt Simon.

Deutschland hat Rückstände bei Elektromobilen und Photovoltaik, aber wir sind stark in industrieller Digitalisierung und Prozessen. Beispiele wie ASML, Zeiss und Trumpf zeigen unsere Stärke. „In der Massendigitalisierung können wir mit den USA und China nicht mithalten, aber in spezialisierten industriellen Bereichen sind wir führend. Firmen wie Klingelnberg und andere Hidden Champions sind Weltmarktführer in ihren Nischen", so Simon.

Digitalisierung und Nachhaltigkeit sind wichtige Treiber. Ein Beispiel ist eine Firma in der Nähe von Bonn, die Systeme für die Brennkammern der SpaceX-Raketen fertigt. Nachhaltigkeit ist eine technologische Herausforderung in Nischenmärkten. Neue Technologien wie Lykozell, eine aus Holz erzeugte Faser, zeigen, wie neue Märkte entstehen können.

Lyocell, eine von der Firma Lenzing entwickelte nachhaltige Faser, bietet eine Vielzahl von Vorteilen, die es zu einer hervorragenden Alternative zu traditionellen Materialien wie Baumwolle machen. Im Kontext der Nachhaltigkeit und Effizienz übertrifft Lyocell viele andere Fasern in mehrfacher Hinsicht.

„Ein Baumwollhemd benötigt etwa 2500 Liter Wasser für die Produktion, während ein Lyocell-Hemd nur etwa 180 Liter Wasser benötigt. Dies stellt eine erhebliche Reduktion des Wasserverbrauchs dar, was besonders in Regionen mit Wasserknappheit von großer Bedeutung ist", sagt Simon. Ein Baumwollhemd benötige etwa 6 Quadratmeter Anbaufläche, ein Lyocell-Hemd nur 0,6 Quadratmeter. „Der Baumwollanbau verbraucht einen erheblichen Anteil der weltweit eingesetzten Pestizide und Insektizide, was zu Umweltverschmutzung und Gesundheitsrisiken führen kann. Lyocell hingegen benötigt keine solchen Chemikalien, was es zu einer weitaus umweltfreundlicheren Option macht", weiß Simon.

Mittelständische Unternehmen seien bei solchen Technologien besonders stark. „Es wird aber zu wenig über solche Innovationen in den Medien berichtet. Viele Technologien sind komplex und schwer zu verstehen. Ein Beispiel ist die Firma, die Maschinen für die Spitzen von Kugelschreibern herstellt. Solche Geschichten sind interessant, aber oft schwer zu vermitteln", so Simon.

Deutschland ist gut durch die Pandemie gekommen, aber in der postpandemischen Phase haben wir uns abgekoppelt und laufen anderen Nationen hinterher. „Energiepreise und Umweltprobleme sind große Herausforderungen. Wir müssen alte Industrien abbauen und Platz für neue schaffen. Dieser Wandel dauert Jahre und erfordert Geduld", mahnt Simon.

Die positive Rolle des Staates für die Wirtschaft werde dabei überschätzt. „Bürokratie ist das größte Hemmnis. Ein Ministerium für den Kampf gegen Bürokratie könnte helfen, die Wirtschaft zu entlasten. Der Normenkontrollrat hat bisher wenig erreicht. Ein stärkeres Gremium mit politischer

Macht könnte mehr erreichen", resümiert Simon. Der Bundeskanzler sollte das zur Chefsache machen. Gastbeiträge für Band 6 der Sohn@Sohn-Schriftenreihe:

**Der große Sprung**

Von Rafael Laguna de la Vera und Thomas Ramge
Eine Sprunginnovation verändert unser Leben grundlegend zum Besseren. Was kommt als Nächstes? Niemand kann es sicher wissen, denn die Unberechenbarkeit liegt im Wesen der Sprunginnovation. Wohl aber können wir ihr auf die Sprünge helfen – und dabei auch sicherstellen, dass neue Technologie mehr nützt als schadet. Drei Hebel sind hier besonders wirksam:

Erstens: Die Hochinnovativen brauchen mehr Förderung und Freiraum. Sprunginnovationen werden oft von „Nerds mit Mission" in die Welt gebracht. Bei der Bundesagentur für Sprunginnovation nennen wir sie „High Potentials". Sie haben in der Regel drei herausragende Eigenschaften: Ein extremes, oft obsessives Interesse auf ihrem Fachgebiet, eine hohe Resilienz bei Rückschlägen und einen tief verwurzelten Wunsch, eine Wirkung für die Welt zu erzielen. Ganz einfach im sozialen Umgang sind diese Charaktere oft nicht. Bildungssysteme müssen Freiräume für „HiPos" schaffen, die quer zur Mehrheitsmeinung denken. Denn die Mehrheitsmeinung bringt keine Sprunginnovationen hervor.

Zweitens: Risikokapital muss seinem Namen (wieder) gerecht werden. Wo wirklich große Sprünge mit Deep-Tech nach vorne unternommen werden, beispielsweise bei Klimatechnologien und Biotech, fehlt es an Kapital. Staat und Markt müssen hier Hand in Hand bessere Finanzierungsbedingungen für Sprunginnovatoren schaffen. Zudem muss der Staat seine Einkaufsmacht besser nutzen. Die Risikokapitalgeber sollten sich fragen, welche Wirkung sie außer kurzfristiger Rendite mit ihren Investitionen erzielen möchten.

Drittens: Wir müssen als Gesellschaft unser Verständnis dafür schärfen, welche Art von Innovationen wir auf Grundlage welcher Werte künftig entwickeln wollen. Hier brauchen wir das Rad nicht neu erfinden. Die Aufklärung gibt die Richtung vor. Ziel sind sprunghafte Innovationen, die das Leben einer größtmöglichen Anzahl von Menschen in größtmöglichem Umfang besser machen. Wir als Technikoptimisten sind davon überzeugt, dass Wissenschaft und Technik in den kommenden Jahrzehnten viele Antworten auf die großen Herausforderungen unserer Zeit

finden werden.
Rafael Laguna de la Vera ist Direktor der Bundesagentur für Sprunginnovationen SPRIND.

Thomas Ramge ist Buchautor und Keynote-Speaker. 2021 erschien im Econ-Verlag ihr Buch „Sprunginnovation – Wie wir mit Wissenschaft und Technik die Welt wieder in Balance bekommen".

# Über die deutsche Innovation und ihren (Grenz)Nutzen

## Von Thymian Bussemer und Lara Di Martino

Deutschland ist bekanntermaßen nicht nur das Land der Dichter und Denker, sondern auch das der Tüftler und Erfinder.

Auch wenn den Briten die Ehre gebührt, das Wasserklosett erfunden zu haben, so kommen doch viele prägende Erfindungen und technische Basisinnovationen aus Deutschland – von der Zündkerze bis zum MP3-Dateiformat.

Lange hat das Land gut davon gelebt. Mit der Entwicklung des Katalysators hat sich Bosch in den 1980er Jahren einen Weltmarkt erschlossen, der das Unternehmen bis heute beflügelt.

Und alle hochleistungsfähigen Buchbinde-Maschinen, die aktuell global im Einsatz sind, kommen von der Schwäbischen Alb. Doch was kommt als nächstes?

Wie steht es heute um die Innovationsfähigkeit der deutschen Wirtschaft?

Schauen wir auf die volkswirtschaftlichen Statistiken, steht unser Land immer noch an der Spitze, was Ausgaben für Forschung und Entwicklung angeht.

**Top-3 R&D spenders and their industries compared over time**

|     | 2003 | 2012 | 2022 |
|-----|------|------|------|
| US  | Ford (auto)<br>Pfizer (pharma)<br>GM (auto) | Microsoft (software)<br>Intel (hardware)<br>Merck (pharma) | Alphabet (software)<br>Meta (software)<br>Microsoft (software) |
| EU  | Mercedes-Benz (auto)<br>Siemens (electronics)<br>VW (auto) | VW (auto)<br>Mercedes-Benz (auto)<br>Bosch (auto) | VW (auto)<br>Mercedes-Benz (auto)<br>Bosch (auto) |
| JPN | Toyota (auto)<br>Panasonic (electronics)<br>Sony (electronics) | Toyota (auto)<br>Honda (auto)<br>Panasonic (electronics) | Toyota (auto)<br>Honda (auto)<br>NTT (telecom) |

Source: Industrial R&D Investment Scoreboard (2004, 2013 and 2023)

Schwieriger wird es, wenn wir uns angucken, für welche Form von Innovationen dieses Geld ausgegeben wird. In Deutschland dominieren immer noch Forschungsinvestitionen in die Weiterentwicklung klassischer industrieller Produkte. Investitionen in wirklich disruptive Zukunftsinnovationen finden sich dagegen deutlich seltener.

Ein Blick auf die Grafik macht das deutlich: In den USA war vor zwanzig Ford noch der größte Investor in Forschung und Entwicklung, im Jahr 2022 waren es die Internet-Konzerne des Silicon Valley.

In den zunehmend abgehängten und alternden Volkswirtschaften Deutschland und Japan dagegen hat sich bei den Innovations-Investitionen in den vergangenen zwei Jahrzehnten wenig geändert: klassische industrielle

Unternehmen führen damals wie heute die Rangliste der größten Forschungsinvestoren an.

Diese traditionelle Ausrichtung der volkswirtschaftlichen Innovationsorientierung hat Konsequenzen für unser Land, vor allem mit Blick auf das Wachstum der Produktivität als Grundlage unseres Wohlstands. Bekanntermaßen wächst die Produktivität in Deutschland seit Jahren gar nicht mehr oder höchstens im 1 %-Bereich.

Ein einfaches Beispiel zeigt, dass wir mit den klassischen Innovationen im Industrieland Deutschland vielfach den Grenznutzen erreichen: Anfang der 1970er Jahre betrug die jährliche Zahl von Verkehrstoten in Deutschland etwa 50.000 Personen. Mit der verpflichtenden Einführung des Sicherheitsgurts – einer denkbar einfachen Änderung im Sicherheitssystem Auto – sank die Zahl auf rund 5.000. Dies ist ungefähr das Niveau von heute.

Natürlich ist der Verkehr heute dichter und es wird auch schneller gefahren, dennoch kann man schlussfolgern: Alle elektronischen Assistenzsysteme und neuen Sicherheitsfeatures im Fahrzeug haben weniger Impact auf tödliche Unfälle gehabt als die simple Einführung des Sicherheitsgurtes.

Wir müssen also neu denken. Natürlich wollen wir in Deutschland eine Industrienation bleiben und sowohl unsere Produktionsanlagen wie unsere Produkte kontinuierlich weiterentwickeln. Wir wollen aber auch Zukunft gewinnen. Und diese Zukunft findet eher im digitalen als im physikalisch-stofflichen Raum statt (wenn auch nicht übersehen werden darf, dass auch die klassischen Industriegiganten vor allem der Autoindustrie längst auf dem Weg zu hoch wissensbasierten Tech-Firmen sind und ihre

Investitionen entsprechend leiten). Der Soziologe Heinz Bude hat kürzlich in einem bemerkenswerten Artikel analysiert, dass die Deutschen mit ihrer Wirtschaftsstruktur dann gute Chancen haben, wenn sie Stoffliches und Digitales miteinander verknüpfen.

Das heißt: Die Wahrscheinlichkeit, dass die nächste Killer-App, die weltweit Furore macht, aus Deutschland kommt, ist eher gering. Wenn es aber darum geht, nicht nur eine Fabrik zu bauen, sondern diese auch dauerhaft zu betreiben und zu warten, könnte Deutschland auch im Bereich der Industrie 4.0 gute Chancen haben.

Denn hier wachsen traditionelle Ingenieurs- und Facharbeitertugenden mit digitalen und optisch-sensorischen Kompetenzen zusammen. Dies erfordert freilich ein neues Denken, nachhaltige Innovation im Bereich von Bildung und Ausbildung und nicht zuletzt mehr Bereitschaft zum Risiko. Dabei gilt: Wir haben nicht mehr viel Zeit, denn die Weltwirtschaft ist einem rasanten Umbruch. Packen wir es also an.

# Der kreative Umbruch: Warum Innovation mehr als nur Wandel bedeutet

## Von Margitta Eichelbaum

Anfang des Jahres 2024 erhielt ich den Auftrag, einen Think Tank zur Innovation für die Zukunft Personal mitzugestalten. Dabei stellten sich die grundlegenden Fragen: Wieso, weshalb, warum braucht es Innovationen? Was genau ist Innovation? Wie funktioniert sie, und auf welchen Ebenen und in welchen Bereichen? Was unterscheidet wirtschaftliche, gesellschaftliche und politische Innovationen? Ist Innovation immer gut? Gibt es „richtige" oder „falsche" Zeiten für Innovation? Kann es eine Anleitung für Innovation geben, oder entsteht sie bloß zufällig? So begann ich, mich einzulesen, zu recherchieren und in den Austausch zu gehen.

## Die Bedeutung von Innovation

Eines ist klar: Innovation ist ein faszinierendes Thema, das nahezu alle Lebensbereiche betrifft. Ebenso ist offensichtlich, dass es unterschiedliche Arten und Dimensionen von Innovation gibt, und dass das Thema derzeit umfassend erforscht und diskutiert wird.

## Was bedeutet „Innovation" wirklich?

Weniger klar hingegen ist, wie Innovation konkret funktioniert oder was genau darunter zu verstehen ist.

Der Begriff bleibt vielschichtig und wird unterschiedlich definiert und verwendet.

Allgemein lässt sich sagen, dass Innovation grundsätzlich etwas Neues ist; aus dem Lateinischen *innovare* bedeutet es „erneuern" und „verändern" – im Kleinen wie im Großen.

In diesem Sinne wollen wir auch im Rahmen des ZP Think Tank Innovation bekannte Routinen verlassen und uns dem „neuen People-Business" zuwenden.

Inhaltlich widmet sich der ZP Think Tank Innovationen im Personal- bzw. HR-Bereich.

Ein besonderes Augenmerk liegt dabei auf strukturellen und kulturellen Veränderungen, die durch innovative Denkansätze sowie durch den Einsatz neuer Methoden und Techniken gefördert werden sollen. Hier geht's zum ZP Think Tank Innovation:
https://www.zukunft-personal.com/de/community/netzwerk/thinktank-innovation/

## Literaturempfehlung: „Der Medici-Effekt"

Ein Buch, das mir zu diesem Thema sehr weitergeholfen hat, ist „Der Medici-Effekt" von Frans Johansson. Es erklärt anschaulich anhand zahlreicher Beispiele, wie Innovation entstehen kann. Wesentlich ist dabei die Zusammenarbeit von Fachleuten aus verschiedenen Disziplinen – das Stichwort lautet Interdisziplinarität. Besonders an den Schnittstellen zwischen Fachbereichen entstehen die besten Chancen für innovative Ideen und Lösungen. Doch das Buch verdeutlicht auch: Innovative Ideen in die Realität umzusetzen, ist ein harter Weg, geprägt von Angst, Misserfolgen, Verlusten und Risiken. Dennoch – die Fülle inspirierender Beispiele motiviert dazu, die eigenen Chancen und Risiken auszuloten und innovative Ideen in die Tat umzusetzen.

## Im Gespräch mit Prof. Dr. Hermann Hill

Ein weiterer Denker, der mich in diesem Zusammenhang inspiriert hat, ist Prof. Dr. Hermann Hill, Jurist, Verwaltungswissenschaftler und Politiker. Denn eines ist sicher: Auch in der Politik, in Ministerien und Behörden, braucht es innovative Lösungen. Prof. Hill hat hierzu bereits zahlreiche wertvolle Beiträge verfasst und inspirierende Übungen entwickelt, die Verwaltungen dazu ermutigen, das Thema Innovation experimentell und spielerisch anzugehen und einfach einmal auszuprobieren.

## Abriss oder Umbau?

Zum Abschluss möchte ich mit einer Gretchenfrage und einer Analogie aus der Baubranche schließen: Wollen wir als Gesellschaft einen „Abriss und innovativen Neubau", wenn politisch ohnehin nichts mehr zu retten ist? Oder ist ein „innovativer Rück- bzw. Umbau unseres politischen Hauses" sinnvoller? Vielleicht ist auch beides möglich: Innovationen innerhalb des bestehenden Systems und ein Neubau? Wenn die Substanz noch gut ist, können wir das System bewahren; ist es jedoch marode, muss radikal abgerissen werden. Doch wer entscheidet das? Jeder von uns ist gefragt. Denn – und das ist meine tiefste Überzeugung – wir sind die Gesellschaft, und unsere Innovationskraft ist so stark wie die der Menschen, die dieses System prägen.

## Mut zur Innovation

Fragen wir uns also selbst: Wie mutig und innovativ bin ich? Wie oft wage ich Neues, und wie oft bleibe ich lieber bei Routinen? Lasst uns gemeinsam – ob privat, wirtschaftlich oder politisch – mutig und innovativ sein. Jede Initiative zählt. Denn nur dann kann Innovation auch in Deutschland wieder gelingen. Also: Mitdenken, nachdenken, weiterdenken – und dann machen! Danke, Gunnar, für Deine klugen Gedanken und die Buchempfehlung dazu!

www.ingramcontent.com/pod-product-compliance
Lightning Source LLC
Chambersburg PA
CBHW070110230526
45472CB00004B/1206